V&R

Dienst am Wort

Die Reihe für Gottesdienst und Gemeindearbeit

144

Vandenhoeck & Ruprecht

Gott am Kreuz

Gottesdienste zum Leben und Sterben Jesu

Herausgegeben von Hans-Helmar Auel

Mit einer Einführung von Eduard Lohse

Vandenhoeck & Ruprecht

Für
Hans-Gerrit und Tina, Kerstin und Hans-Winfried

Umschlagabbildung:
Agnus Dei, Ev. Bonifatiuskirche Harle 1492
Foto: Brigitte Fritz

Mit einer Abbildung.

Bibliografische Information der Deutschen Nationalbibliothek

Die Deutsche Nationalbibliothek verzeichnet diese Publikation in der
Deutschen Nationalbibliografie; detaillierte bibliografische Daten sind
im Internet über http://dnb.d-nb.de abrufbar.

ISBN 978-3-525-63038-9
ISBN 978-3-647-63038-0 (E-Book)

Inhalt

Vorwort

Hans-Helmar Auel

Paulus (1Kor 1,18.23) erlebte, dass das „Wort vom Kreuz" als „Ärgernis" und „Torheit" aufgefasst wurde, und Justin (Apol I,13,4) stellte fest: „Denn darin, erklären sie, bestehe unsere *Verrücktheit*, dass wir den zweiten Rang nach dem unwandelbaren und ewigen Gott, dem Weltschöpfer, einem *gekreuzigten Menschen* zuzusprechen."[1] Für den unbekannten Grafitti-Maler des 3. Jahrhunderts, der einen Menschen mit erhobener Hand vor einem Gekreuzigten mit Eselskopf zeigt nebst den Worten: „Alexamenos betet zu Gott"[2], ist das Ganze nichts als eine Eselei. Bei J.W. Goethe erscheint das Problem in der Frage: „mir willst du zum Gotte machen solch ein Jammerbild am Holze?" Und Fr. Nietzsche spitzt es zu: „Gott am Kreuze – ... das Christentum war das größte Unglück der Menschheit!"[3]

Ulrich H. J. Körtner[4] stellt fest: „Das Zentrum der christlichen Botschaft, nämlich die Heilsbedeutung des Todes Jesu, stößt in der Moderne auf massives Unverständnis. Mit dem Wort vom Kreuz aber steht und fällt die christliche Erlösungslehre überhaupt." Wir, die wir nach einem „sanften" Gott suchen, werden mit einem fremden, dunklen Gott konfrontiert. Das war von Anfang an so. Der Sammelband „Für uns gestorben"[5] geht auf die augenblickliche

---

1 M. Hengel, Mors turpissima crucis. Die Kreuzigung in der antiken Welt und die "Torheit" des "Wortes vom Kreuz", in: Studien zum Urchristentum. Kleine Schriften V, WUNT 234 Tübingen 2008, 594ff; das Justinzitat mit den kursiven Worten auf S. 595.

2 Siehe dazu die Ausführungen von E. Lohse in der Einführung zu diesem Band.

3 M. Hengel, Die Torheit des Kreuzes, in: Theologische, historische und biographische Skizzen. Kleine Schriften VII, WUNT 253 Tübingen 2010, 90ff; das Goethe- und das Nietzsche-Zitat dort auf S. 90.

4 U.H.J. Körtner, Für uns gestorben? Die Heilsbedeutung des Todes Jesu als religiöse Provokation in: Gottes Wort in Person. Rezeptionsästhetische und metapherntheoretische Zugänge zur Christologie, Neukirchen 2011, 129

5 V. Hampel/R. Weth (Hg.), Für uns gestorben. Sühne-Opfer-Stellvertretung, Neukirchen 2010.

Diskussion ein, hervorgerufen durch K.-P. Jörns[6], für den der
Kreuzestod Jesu seine Heilsbedeutung verliert und die gewaltfreie
Liebesreligion Jesu dadurch wieder ans Licht kommt.

In unserem Band gehen wir der Frage nach, wie denn in den
Evangelien Leiden und Sterben Jesu gesehen und gedeutet werden
und wie diese Zumutung den Menschen heute zugemutet werden
kann. Vorarbeiten erschienen zu Lk 10,38–42 (HM 4/2005) und
Lk 13,22–27 (Pbl 11/2001). Sie sind überarbeitet worden. Ich
danke allen Professorinnen und Professoren für ihre Mitarbeit und
Gesprächsbereitschaft. Mein besonderer Dank gilt Eduard Lohse.
Er war mein neutestamentlicher Lehrer in den Sechzigern in
Göttingen.

Harle, 24. August 2011
(Tag des Apostels Bartholomäus)

Hans-Helmar Auel

---

6 K.-P. Jörns, Notwendige Abschiede. Auf dem Weg zu einem glaubwürdigen
   Christentum, Gütersloh ²2005.

Was bedeutet:
Christus starb für uns?

Eduard Lohse

Was bedeutet das Kreuz Christi für Glauben und Leben der Christen? Warum musste Jesus ein so bitteres Leiden auf sich nehmen? Wie konnte der Gott der Liebe das zulassen? Musste ein so großes Opfer gebracht werden? Wurde ihm zugemutet, für die Schuld der ganzen Menschheit zu sühnen? Auf diese Fragen Antwort zu finden, ist nicht leicht. Viele Generationen nachdenklicher Menschen haben sich Gedanken gemacht, um zu begreifen, warum Jesus so sterben musste.

Wie soll angemessen vom Tod Christi gesprochen werden? Muss man vom Zorn Gottes reden, der seinen Sohn getroffen hat? Oder ist die Botschaft von seiner unergründlichen Liebe in den Mittelpunkt christlicher Verkündigung zu stellen? Auch in verschiedenen Versuchen, die in jüngster Zeit zur Klärung dieser Fragen angestellt wurden, gehen die Meinungen auseinander.[1] Hat Gott Jesus als Sühne für unsere Sünden sterben lassen? Manche Stimmen sagen, das könne man heute nicht glauben. Es gelte daher, von veralteten Vorstellungen Abschied zu nehmen und auf Begriffe, die für uns heutige Menschen unverständlich sind, zu verzichten.[2] Nicht vom Opfertod Jesu, sondern von seiner gewaltfreien Liebesbotschaft sei zu reden.

---

1 Aus der Fülle neuester Äußerungen seien besonders genannt: C. Gestrich, Christentum und Stellvertretung, Stuttgart 2001; H. Fischer, Musste Jesus für uns sterben? Deutungen des Todes Jesu, Zürich 2008; K.-P. Jörns, Notwendige Abschiede, [4]Gütersloh 2008; sowie die Sammlung verschiedener Stimmen und Beiträge: V. Hampel/R. Weth (Hg.), Für uns gestorben – Sühne, Opfer, Stellvertretung, Neukirchen 2010.

2 Zur neuesten Debatte vgl.: U. Eibach, Versöhnung zwischen Gott und Mensch im stellvertretenden Tod Jesu Christi, Deutsches Pfarrerblatt 110 (2010), 141–145; K.-P. Jörns, Warum musste Jesus sterben, ebd., 145–153; B. Müller, Dem Zeitgeist sei Dank – ohne die Vorstellung vom Sühnopfertod lässt sich Jesus besser verstehen, Zeitzeichen 11 (2010), 47–49; ders., Für unsere Sünden gestorben? Ein Beitrag zur aktuellen Diskussion, EMZ Verlag, Rheinbach 2010; W. Klaiber, Jesu Tod und unser Leben, Leipzig 2011.

Um im Widerstreit der Meinungen ein begründetes Urteil zu finden, soll das Neue Testament zur Hand genommen und bedacht werden, was nach Überzeugung der ersten Christenheit den zentralen Inhalt des Evangeliums ausmacht.[3] An der Botschaft, die die Anfänge der Christenheit bestimmt hat, hat sich unser Urteil zu orientieren und unser Reden rechte Gestalt zu gewinnen.

I. Was die ältesten Nachrichten vom Leiden und Sterben Jesu berichten

Im ältesten, uns erhaltenen Dokument aus der frühesten Christenheit – dem um 50. n.Chr. geschriebenen ersten Brief des Apostels Paulus an die Gemeinde in Thessalonich – heißt es in kurzen Worten: Christen glauben, „Jesus sei gestorben und auferstanden" (1 Thess. 4,14). Damit bezieht sich der Apostel Paulus auf das Bekenntnis, mit dem urchristliche Verkündigung ausgerichtet wird.[4] Einige Jahre später hat Paulus einen langen Brief an die Christen in Korinth geschrieben. Darin zitiert er ein wenig ausführlicher, welche Botschaft die älteste Christenheit von Tod und Auferstehung ihres Herrn zu sagen hatte:

> „dass Christus gestorben ist für unsere Sünden nach der Schrift, und dass er begraben worden ist;
> und dass er auferstanden ist am dritten Tag nach der Schrift, und dass er gesehen worden ist von Kephas,
> danach von den Zwölfen." (1 Kor 15,3–5)

---

3 Außer auf die einschlägigen Kommentare zum Neuen Testament, auf die im folgenden Bezug genommen wird, sei auf folgende Studien hingewiesen: W. Schrage, Das Verständnis des Todes Jesu Christi im Neuen Testament, in: F. Viering (Hg.), Das Kreuz Christi als Grund des Heils, Gütersloh 1967, 49–89; G. Delling, Der Kreuzestod Jesu in der urchristlichen Verkündigung, Göttingen 1971; G. Friedrich, Die Verkündigung des Todes Jesu im Neuen Testament, BThSt 6, Neukirchen 1982; G. Röhser, Stellvertretung im Neuen Testament, Stuttgart 2002; J. Frey/J. Schröter (Hg.), Deutungen des Todes Jesu im Neuen Testament, WUNT I, 181, Tübingen 2005, R. Fehling, „Jesus ist für unsere Sünden gestorben", Stuttgart 2010.

4 Vgl. E. Lohse, Die Geschichte des Leidens und Sterbens Jesu Christi, Gütersloh 1979; O. Kaiser/E. Lohse, Tod und Leben, Stuttgart 1977, 92–102.

Wie er ausdrücklich betont, hat der Apostel diese Sätze nicht selbst formuliert. Sondern er hat sie von denen übernommen, die schon vor ihm Christen waren und ihm die Botschaft von Kreuz und Auferstehung Jesu weitergegeben haben. Das heißt: Diese vom Apostel Paulus angeführte Überlieferung reicht bis in die aller ersten Anfänge der Christenheit zurück.[5]

Die urchristliche Verkündigung nennt Kreuz und Auferstehung Jesu Christi als das eine Heilsgeschehen. Nur in unlöslicher Zusammengehörigkeit und in engster gegenseitiger Bezogenheit werden das Sterben Jesu und seine Auferweckung recht verstanden.(1Kor 15,17) Ohne Ostern würde der Karfreitag nur das Ende von Jesu Weg bedeuten. Jesus von Nazareth wird jedoch nicht trotz seines Todes, den er erleiden musste, als der Christus verkündigt, sondern gerade wegen seines Todes als der Messias bekannt. Der Gekreuzigte aber ist nicht im Tod geblieben, sondern am dritten Tag auferweckt worden. Das heißt: Gott hat zu seinem Tod sein Ja gesprochen und gegen den Tod dem Leben den Sieg zuerkannt. Das Ereignis der Auferweckung Jesu Christi bedeutet daher nicht eine Rückkehr in dieses Leben, das dem Tod unterworfen bleibt, sondern den Durchbruch durch die Mauer des Todes und die Annahme durch Gott. Von diesem Ereignis geben die ersten Zeugen Kunde in der Gewissheit, dass der gekreuzigte Jesus von Nazareth der lebendige Herr ist, der in aller Welt als der Christus verkündigt wird.

Dass der Gesalbte Gottes – d.h. der Messias Israels – als ein elender und leidender Mensch am Kreuz sein Leben beenden musste, dass er starb inmitten von Verbrechern, ausgestoßen aus der heiligen Stadt – diese Nachricht stand in schroffem Widerspruch zur damaligen Messiaserwartung, die in frommen Kreisen des Judentums unterschiedliche Ausprägungen erhalten hatte. Den verschiedenen Aussagen jüdischer Hoffnung auf den Messias und die Zeit des Heils ist gemeinsam, dass der von Gott erwählte Bringer des Heils als ein Herrscher und Richter auftreten werde, der die Niedrigkeit Israels aufheben, die Heiden vertreiben und ein Reich der Herrlichkeit begründen wird. Nirgendwo aber ist in der Erwartung der messianischen Zeit von einem leidenden Messias die Rede, der um der Sünden des Volkes willen Schmach und Tod auf sich laden würde.

---

5 Schlüssiger Nachweis des vorpaulinischen Charakters durch J. Jeremias, Die Abendmahlsworte Jesu, Göttingen [4]1967, 95–97.

Dass Jesus zum Kreuzestod verurteilt und den elenden Tod am
Holz gestorben ist, musste auf jüdische Hörer befremdlich wirken.
Galt doch die Kreuzigung als die allerschimpflichste Strafe, die von
den Römern nicht über einen Bürger, sondern nur über Landfremde
und Sklaven verhängt wurde. Wenn die christliche Gemeinde den
gekreuzigten Jesus den Messias Gottes nennt, so gibt sie dem überkommenen Titel einen neuen Sinn, der durch den Bezug auf den
Tod Jesu bestimmt ist.[6] Der Hoheitstitel Messias/Christus wird in
der urchristlichen Verkündigung stets auf die tiefste Erniedrigung
bezogen, die der Gesalbte Gottes hat durchleiden müssen. Der
Evangelist Markus, der als erster schriftlichen Bericht über den
Weg gegeben hat, den Jesus ans Kreuz gehen musste, lässt daher
auf das Bekenntnis des Petrus „Du bist der Christus" (Mk 8,29
Par.), die christologische Belehrung folgen, „dass der Menschen-
sohn viel leiden muss und verworfen werden von den Ältesten,
Oberpriestern und Schriftgelehrten und getötet werden und nach
drei Tagen auferstehen" (Mk 8,31 Par.) Damit ist das christliche
Verständnis des Messiastitels eindeutig beschrieben und durch die
Geschichte Jesu ausgelegt.

Der Leidensweg Jesu ist so verlaufen, dass die Mitglieder des
jüdischen Hohen Rates sich auf den Beschluss einigten, Jesus zu
beseitigen. Man suchte und fand Gelegenheit, ihn zu verhaften, ver-
anstaltete ein kurzes Verhör und überwies ihn dann dem römischen
Statthalter, damit er ihn zum Tode verurteilen und hinrichten lassen
sollte (Mk 15,1 Par.). Nach den übereinstimmenden Berichten der
Evangelien fragte Pilatus Jesus, ob er der König der Juden sei (Mk
15,2 Par.). Hinter dieser Frage wird die Beschuldigung sichtbar,
deretwegen die jüdische Behörde Jesus dem Statthalter ausgeliefert
hat. Offensichtlich ist Jesus als ein politisch verdächtiger Mann,
dessen Predigt eine nicht tragbare Beunruhigung unter der Bevölkerung hervorgerufen habe, den Römern in die Hände gegeben
worden. Dabei könnte die Anklage, er habe sich als König der Juden
ausgegeben, aus einer absichtlichen Verdrehung seiner Predigt von
der anhebenden Königsherrschaft Gottes abgeleitet worden sein.
Musste man doch dem Römer einen hinreichenden Grund ein-
sichtig machen, Jesus sei des Todes schuldig. Pilatus wird in zeitgenössischen Berichten als grausamer und rücksichtslos handelnder

---

6   Zur Deutung des Todes Christi vgl. weiter Abschnitt II.

Statthalter geschildert. Er wird sich daher nicht lange bedacht, sondern dem an ihn gerichteten Begehren alsbald entsprochen haben. So wurde Jesus nach kurzem Verhör verurteilt und ans Kreuz geschlagen. Unter qualvollem Leiden starb er noch am selben Tag.

Um das Ereignis des Kreuzestodes Jesu in die rechten Worte zu fassen, bediente sich die erste Christenheit der Sprache, die ihr in den heiligen Schriften Israels vorgegeben war, und betonte, es habe sich „nach der Schrift" so zugetragen. Dabei ist vornehmlich an Abschnitte des Alten Testaments gedacht, die vom Leiden und Sterben eines Gerechten handeln, der Not und Verfolgung von Seiten der Gottlosen erdulden muss. So wurden die Psalmen 22, 31 und 69 im Zusammenhang mit dem Bericht von der Passion Jesu immer wieder herangezogen. Am deutlichsten aber war im 53. Kapitel des Jesajabuches vom Leiden des Gottesknechtes die Rede: „Er trug unsere Krankheit" (V4); „Er ist um unserer Missetat willen verwundet" (V5); „Man gab ihm bei Gottlosen sein Grab" (V9); „Er trägt die Sünden der Vielen" (V11); „Er hat sein Leben in den Tod gegeben und hat die Sünden der Vielen getragen" (V12).

Wenn in der urchristlichen Verkündigung immer wieder auf die Schriften hingewiesen wird, so sollen damit nicht nur einzelne Verse oder Abschnitte des Alten Testaments hervorgehoben werden, sondern es wird wesentlich mehr gesagt: Die ganze Schrift wird als Zeugnis von und für Christus verstanden und damit von der christlichen Verkündigung in Anspruch genommen. Denn von Christus her wird erst recht verstanden, welches der bisher verborgene Sinn der Schriften ist. Und umgekehrt: In den heiligen Schriften war für die erste Christenheit die Sprache vorgegeben, in der ausgesagt werden konnte, was der Tod Christi bedeutet.

In der Passionsgeschichte der Evangelien finden sich daher auf Schritt und Tritt alttestamentliche Zitate und Wendungen – nicht nur an den Stellen, an denen mit einem ausdrücklichen Hinweis ein Wort aus der Schrift angeführt wird, sondern auch innerhalb der fortlaufenden Erzählung. Dabei hat man einerseits bestimmte Vorgänge des Leidensweges Jesu im Licht alttestamentlicher Worte beschrieben – wie seine Verspottung, seine Kreuzigung inmitten von zwei Übeltätern oder seine Grablegung. Andererseits aber hat das Studium des Alten Testaments auch dazu geführt, dass einzelne Sätze aus den Psalmen und den Propheten in die Passionsgeschichte hineingenommen wurden und zu deren Ausgestaltung beigetragen haben.

Manchmal lässt sich nicht mehr sicher ausmachen, ob einzelne Sätze der Passionsgeschichte über Geschehenes berichten wollen oder ob sie aus der Lektüre der Schrift genommen und zur Erweiterung der Erzählung benutzt worden sind. So stimmt es mit Ps 69,22 überein, dass man dem Gekreuzigten einen Essigtrank darreichte (Mk 15,23.26 Par.). Oder es wird schon Ps 22,19 gesagt, dass man über die Kleider des verfolgten Frommen das Los warf (Mk 15,24 Par.). Worte des Alten Testaments sind es, die der sterbende Jesus am Kreuz spricht: „Mein Gott, mein Gott, warum hat du mich verlassen?" (Ps 22,2 = Mk 15,34 Par.) Dieser Ruf zeigt zwar die bittere Not an, die den Beter in der Tiefe des Leidens gepackt hat; aber diese Verlassenheit wird mit einem Satz aus der Schrift zum Ausdruck gebracht, mit dem Jesus zu Gott ruft und ihn als „mein Gott" anredet.

Aus den heiligen Schriften Israels konnten die ersten Christen lernen, dass es nach Gottes Willen so hatte geschehen müssen, dass Christus leiden und sterben musste. Wie sie zu dieser Erkenntnis kamen, wird anschaulich in der Geschichte, die von den beiden Jesusjüngern auf ihrem Weg nach Emmaus handelt (Lk 24,13– 35). Auf ihrem Weg begegneten sie einem ihnen unbekannten Fremden. Ihm berichten die beiden Wanderer, wie Jesus von Nazareth als Prophet, mächtig in Taten und Worten vor Gott und allem Volk gewirkt hatte. Doch sein Leiden und Sterben hatte bei ihnen tiefe Enttäuschung ausgelöst, die sie in die Worte fassen: „Wie ihn unsere Hohenpriester und Oberen zur Todesstrafe überantwortet und gekreuzigt haben. Wir aber hofften, er sei es, der Israel erlösen werde" (Lk 24,20 f.). Da antwortete der unerkannte Fremde und sagt zu ihnen: „O ihr Toren, zu trägen Herzens, all dem zu glauben, was die Propheten geredet haben. Musste nicht Christus dies erleiden und in seine Herrlichkeit eingehen? Und er fing an bei Mose und den Propheten und legte ihnen aus, was in der ganzen Schrift von ihm gesagt war" (Lk 24,25–27). In dem Dorf, zu dem sie gingen, setzten sie sich miteinander zu Tisch. Da wurde ihnen deutlich, dass der fremde Begleiter kein anderer war als der auferstandene Christus.

So begreift die erste Christenheit im Rückblick, den sie im Licht der Osterbotschaft auf die Geschichte Jesu richtet, dass es – wider alles Erwarten – so und nicht anders nach Gottes Willen hatte geschehen müssen. Die Worte, mit denen Jesus nach der Darstellung der Evangelisten seinen Jüngern seinen Tod ankündigte, werden von der christlichen Gemeinde daher so gefasst, dass dieses „Muss" als Ausdruck des göttlichen Ratschlusses hervorgehoben wird: „Der Menschensohn *muss* viel leiden und verworfen werden von den Ältesten, Oberpriestern und Schriftgelehrten und getötet werden und nach drei Tagen auferstehen." (Mk 8,31 Par.) So hat Gott es gefügt, und so hat Jesus im Gehorsam sein Leben hingegeben – hingegeben für die Vielen, wie es dem Gottesknecht auferlegt war (Mk 10,45 Par.).

II. Wie die urchristliche Verkündigung den Kreuzestod Jesu Christi verstanden und gedeutet hat

Aus dem tiefen Erschrecken, das der schimpfliche Kreuzestod Jesu im Kreis seiner Jünger ausgelöst hatte, wurden sie herausgerissen durch die Erscheinungen ihres auferstandenen Herrn. Dadurch wurde ihnen neue Gewissheit geschenkt, dass der gekreuzigte Christus der lebendige Herr ist, der sie in seinen Dienst ruft. Fanden sich seine Jünger im Glauben an den auferstandenen Herrn zur ersten christlichen Gemeinde zusammen, so mussten sie sich darüber klar werden, welche Bedeutung dem Tod Christi zukommt. Mit Hilfe verschiedener Begriffe und Vorstellungen ihrer Zeit suchten die ersten Christen auszusagen, wie der tiefere Sinn des Kreuzesgeschehens zu begreifen sei.

Die ältesten christlichen Texte sind in den Briefen des Apostels Paulus überliefert. Paulus war von einem Verfolger der Christen durch den auferstandenen Herrn zum Apostel berufen worden. Er wurde von der Wahrheit der Christusbotschaft überzeugt und konnte daher in Bekenntnis und Predigt der ersten Christen einstimmen. Des öfteren nimmt Paulus in seinen Briefen auf Formulierungen Bezug, in denen die Urchristenheit ihre Botschaft ausrichtete, und erläutert deren Bedeutung für rechtes Glauben und Verstehen. Daher kann aus den paulinischen Briefen auf die allerälteste Verkündigung des gekreuzigten und auferstandenen Christus zurückgeschlossen und aufgezeigt werden, wie darin die Bedeutung des Todes Christi erklärt wurde.

Die kurzen Worte, in die das urchristliche Bekenntnis gefasst wurde, betonten stets, dass Christus gestorben sei und auferweckt wurde (1 Thess 4,14) – ans Kreuz geschlagen „um unserer Sünden willen" (1 Kor 15,3) – in den Tod gegeben „für uns" und aufer-

weckt „um unserer Gerechtigkeit willen" (Röm 4,25).[7] Dieser zentrale Inhalt christlichen Bekenntnisses wird dann mit Hilfe verschiedener Bilder und Vorstellungen erläutert und des näheren
ausgelegt.[8]

Da Jesus um die Zeit des Passafestes ans Kreuz geschlagen
wurde, lag es nahe, seinen Tod dahin zu deuten, dass er als *Opferlamm* getötet wurde. Paulus spielt im ersten Brief an die Korinther
auf den Ritus des Passafestes an. Nach altem Brauch hatte man
überall vorhandenen Sauerteig auszufegen. Denn einst waren die
Israeliten so eilig aus Ägypten ausgezogen, dass keine Zeit mehr
blieb, auf Durchsäuerung angerichteter Speise zu warten. Beim
Passafest wurde daher nur ungesäuertes Brot gegessen. Der Apostel
nimmt aus der urchristlichen Überlieferung die Bezeichnung Christi
als Passalamm auf und sagt: „Unser Passalamm – Christus – ist bereits geopfert worden." (1 Kor 5,7) Das bedeutet: Unser, der Christen, Passafest hat bereits begonnen. Daher ist es höchste Zeit, allen
Sauerteig auszufegen. Das aber bedeutet, dass festliche Zeit nicht
mehr im alten Sauerteig der Bosheit und Schlechtigkeit, sondern
nur „im ungesäuerten Teig der Lauterkeit und Wahrheit" gefeiert
werden kann (1 Kor 5,8).

Im Römerbrief greift der Apostel auf eine andere urchristliche
Wendung zurück, in der es heißt: Gott habe Christus hingestellt
„als *Sühne* in seinem Blut zum Erweis seiner Gerechtigkeit, indem er
die Sünden vergibt, die früher begangen wurden in der Zeit seiner
Geduld" (Röm 3,2f.)[9] In diesen dicht aneinander gedrängten Worten wird die Heilsbedeutung des Todes Christi dahin gedeutet,

---

7   Vgl. weiter: E. Lohse, Märtyrer und Gottesknecht, FRLANT 64, Göttingen
    [2]1963, 131–135.

8   Vgl. hierzu die kurzen Aufstellungen in den Lehrbüchern der Theologie des
    Neuen Testaments, bes. R. Bultmann, Theologie des Neuen Testaments,
    Tübingen [9]1984, 47–50.87–88.406–408; H. Conzelmann, Grundriss der
    Theologie des Neuen Testaments, Tübingen [4]1987, 55–57; P. Stuhlmacher,
    Biblische Theologie des Neuen Testaments I, Göttingen 1992, 192–196.
    294–299; II, 95–97 u.ö.; F. Hahn, Theologie des Neuen Testaments I,
    Tübingen 2002, 211 f. 251 f.; II Tübingen 2002, 242–246.381–398 u.ö.

9   Wie diese Sühne des näheren zu verstehen ist, wird nicht weiter ausgeführt.
    Entweder ist auf ein sühnendes Opfer oder aber auf den sog. Gnadenthron
    angespielt, an den nach alttestamentlichem Ritus der Hohepriester am gro-
    ßen Versöhnungstag das Blut des Opfertieres zu sprengen hatte. Vgl. die
    Kommentare zum Römerbrief sowie E. Lohse, Märtyrer und Gottesknecht
    (s. Anm. 7), 149–154.

dass „Gott durch die Lebenshingabe Jesu die Menschheit entsühnt und zur Gemeinschaft mit sich befreit hat".[10]

Hier ist auf jedes Wort genau zu achten. Denn Paulus benutzt die bildliche Rede vom Opfer nicht in dem Sinn, als hätte etwa der zornige Gott von den Menschen ein hinreichend großes Opfer verlangt, das Sühne schaffen sollte. Diese Deutung würde ein großes, leider jedoch bis heute anhaltendes Missverständnis bewirken. Subjekt des Handelns sind nicht die Menschen, die Opfer darzubringen hätten, sondern kein anderer als Gott selbst. Die bildliche Rede vom Opfer dient dazu, die universale Bedeutung des Todes Christi anzuzeigen. Gottes Barmherzigkeit reicht so weit, dass er Christus in die äußerste Verlorenheit des Todes am Kreuz hingab, um die von Sünden der Menschen belastete Vergangenheit durchzustreichen und durch Vergebung neue und verlässliche Gemeinschaft zwischen Gott und den Menschen zu stiften. Wer immer diese Botschaft im Glauben annimmt, der wird – wie der Apostel Paulus der überkommenen Überlieferung hinzufügt – gerecht gemacht „aus dem Glauben an Jesus" (Röm 3,26).

Christus das Opferlamm – diese Wendung findet sich an verschiedenen Stellen der im Neuen Testament bezeugten urchristlichen Verkündigung: „das Lamm Gottes, das der Welt Sünde trägt" (Joh 1,29.36); das teure Blut Christi „als eines unschuldigen und unbefleckten Lammes" (1Petr 1,18 f.); „das Lamm, das geschlachtet ist" (Offb 5,12 und oft im letzten Buch der Bibel). Im Hebräerbrief wird ein weit ausgreifendes Bild gezeichnet, in dem Christus einerseits als himmlischer Hohepriester, andererseits aber als das ein für allemal gültige Opfer dargestellt wird. Dabei wird die Einzigartigkeit des von Christus für die Seinen dargebrachten Opfers dadurch hervorgehoben, dass sie dem Heil, das der alte Bund und der Opferkultus zu vermitteln vermochten, gegenübergestellt wird. Das hohepriesterliche Opfer Jesu lässt die von Priestern dargebrachten Opfer verblassen gegenüber dem ein für alle Mal gültigen Opfer Christi.

Uns heutigen Menschen liegt der Gedanke an jede Form eines Opferkultus fern, so dass immer wieder den neutestamentlichen Aussagen vorschnell ins Wort gefallen wird. Dann wird die Rede vom Opfer alsbald missverstanden oder beiseite getan. Doch nicht

---

10 Vgl. W. Klaiber, Der Römerbrief, Neukirchen 2009, 63.

vorschnelle Ablehnung, sondern allein aufmerksame Hörbereitschaft kann zu rechtem Verständnis führen. Achtet man aufmerksam auf die Worte der Bibel, die aus alter Zeit zu uns heutigen Menschen kommen, dann sind zwei Feststellungen von bestimmender Bedeutung:

1. *Nirgendwo wird im Neuen Testament behauptet, dass ein zorniger Gott durch ein übermenschliches Opfer hätte besänftigt werden sollen. Vielmehr wird das Bild vom ein für allemal gültigen Opfer Christi stets dahin verstanden, dass Gott in seiner Barmherzigkeit selbst das übergroße Opfer seiner Liebe dargebracht hat, indem er Christus für uns alle dahingab. Daraus aber folgt:*

2. *Mit dem Tod Christi ist jede Form eines weitergehenden Opferkultus ans Ende gelangt. Denn er hat das allgenugsame Opfer am Kreuz dargebracht, so dass fortan kein Opferkult mehr gültig sein könnte. Alle, die an Christus glauben, dürfen in Gehorsam eintreten in das von Christus aufgetane Heiligtum, um Erbarmen und Gnade zu empfangen (Hebr 4,16; 10,19).*

Was das überwältigende Opfer Christi bedeutet, wird in der urchristlichen Verkündigung auch durch andere Bilder und Begriffe erläutert und vertieft. Der Apostel Paulus spricht in betonter Weise von der *Versöhnung*, die Gott in Christus bewirkt hat (2Kor 5,18 f.; Röm 5,10 f.). Von Versöhnung redete man in der alten Welt im Blick auf jene befreiende Erfahrung, dass untereinander zerstrittene Menschen wieder zu neuer Gemeinschaft zusammenfinden. Wenn Mann und Frau trennenden Streit begraben und wieder aufeinander zugehen, dann geschieht Versöhnung (1Kor 7,11). Der Apostel wendet den Begriff der Versöhnung auf das wunderbare Geschehen an, dass zwischen Gott und Menschen Friede gestiftet wird. Dabei kann er sich auf die Christusbotschaft berufen, die den Gekreuzigten als den Versöhner verkündigt, der in die Bresche gesprungen ist und Gott und Menschen wieder zusammengeführt hat.

Paulus sagt vom Kreuzestod Christi: „Gott hat den, der von keiner Sünde wusste, für uns zur Sünde gemacht" (2Kor 5,21). Damit vertieft er die Aussage des urchristlichen Bekenntnisses, dass Christus „für unsere Sünden" gestorben ist, und hebt hervor, was es bedeutet, dass Christus in seinem Leiden und Sterben die schwere Last auf sich genommen hat. Der Träger der Sünde wird geradezu mit der von ihm getragenen Last identifiziert. Christus ist so sehr mit Sünde beladen, dass man an ihm nichts anderes mehr zu erkennen vermag als nur Sünde. Deshalb kann sie nun aber keinen Rechtsanspruch mehr erheben; denn ihre Herrschaft ist am Kreuz Christi gebrochen worden. Das geschah, „damit wir durch ihn Gottes Gerechtigkeit würden" (2Kor 5,21).

Auch hier wird betont: Die Initiative zur Versöhnung ist nicht durch menschliches Streben oder Bemühen ausgelöst, sondern sie lag und liegt allein beim barmherzigen Gott. Der gekreuzigte Christus hat in seinem Leiden und Sterben die Liebe Gottes für uns sichtbar gemacht. Dort ist der ferne und verborgene Gott uns nahe gekommen, indem er in unsere Gemeinschaft trat, Frieden stiftete, Leben schenkte und das Licht der Liebe entzündete. Gott hat sich mit uns versöhnt, das heißt: Er hat Frieden geschaffen mit uns, mit der Welt. Und wir werden eingeladen, Ja zu sagen und uns auf diesen Frieden einzulassen: „Laßt euch versöhnen mit Gott!" (2Kor 5,20).

Denselben Gedanken spricht der Apostel Paulus mit anderen Worten im Galaterbrief aus. Dabei nimmt er den alttestamentlichen Satz auf, dass der ans Kreuz Gehängte verflucht – von Gott verlassen und verstoßen – sei (Dtn 21,23). Möglicherweise hatten manche Juden die Christusbotschaft unter Berufung auf diese Bibelstelle zurückgewiesen.[11] Diesem kritischen Hinweis weicht der Apostel nicht aus, sondern greift ihn auf, indem er seine Worte noch schärfer fasst: Christus ist für uns zum *Fluch* geworden, aber dadurch „hat er uns erlöst vom Fluch des Gesetzes" (Gal 3,13). Die schwere Last des Fluches lag so drückend auf ihm, dass gleichsam nichts anderes mehr sichtbar war als eben dieser Fluch. Indem Christus diese Last auf sich nahm, konnte er sie fortschaffen, so dass sie uns nichts mehr anhaben kann: „damit der Segen Abrahams unter die Heiden komme in Christus Jesus und wir den verheißenen Geist empfangen durch den Glauben" (Gal 3,14).[12]

Ein anderes Bild, das des öfteren verwendet wird, ist aus der alten Welt genommen, in der Gefangene oder auch Sklaven durch *Loskauf* aus ihrer Knechtschaft befreit werden konnten. In der Antike kam es häufig vor, dass Kriegsgefangene freigekauft oder ver-

---

11 Vgl. G. Jeremias, Der Lehrer der Gerechtigkeit, StUNT 2, Göttingen 1963, 133–135.

12 Zum Verständnis des Christus auferlegten Fluchs vgl. weiter F. Gogarten, Was ist Christentum?, Göttingen 1956, 21–27.

schleppte und in Geiselhaft genommene Personen gegen Geld ausgelöst wurden.[13] Jemand musste einen jeweils geforderten Geldbetrag
aufbringen. Unter günstigen Bedingungen konnte auch ein Sklave
selbst gewisse Einnahmen erzielen und dadurch den zur Befreiung
erforderlichen Geldbetrag zusammensparen.[14]

Der Apostel Paulus sagt zu den Korinthern: „Ihr seid teuer erkauft" (1Kor 6,20). Das will sagen: Gott bzw. Christus hat einen
hohen Preis entrichtet, um euch freizukaufen. Bestand der Preis
doch in nichts Geringerem als im ans Kreuz geschlagenen Chris-
tus. Die bildliche Rede wird nur kurz angestoßen, ohne dass das
Bild in Einzelheiten ausgelegt wird. So ist die Frage gar nicht im
Blick, wem denn dieser Preis gezahlt werden sollte (1Kor 7,23).
Betont wird allein der unvergleichliche Wert des entrichteten
Preises: „Ihr wisst, dass ihr nicht mit vergänglichem Silber oder
Gold erlöst seid von eurem nichtigen Wandel nach der Väter
Weise, sondern mit dem teuren Blut Christi als eines unschuldigen
und unbeflecktem Lamms" (1Petr 1,18 f.). Ist die den Christen
geschenkte Freiheit so teuer erkauft worden, so sind sie gehalten,
diese Freiheit verantwortlich und im Gehorsam gegen Gottes Gebote zu leben.

Auf den unvergleichlichen Wert, der dem Kreuzestod Christi
zukommt, kann auch mit der kurzen Erwähnung hingewiesen
werden, dass sein kostbares *Blut* vergossen wurde (Röm 3,25; 5,9;
1Kor 10,16; 11,27 u.ö.). Die überaus grausame Kreuzesstrafe führte
dazu, dass der ans Holz Geschlagene nach vielstündiger Qual er-
stickte. Blut wurde dabei nur in geringem Maß vergossen. Daher
ist die Wendung „Blut Christi" nicht auf eine Ausmalung des Sterbens Christi zurückzuführen, sondern ihrem Ursprung nach als ein
Ausdruck für die Sühnkraft des Todes Christi zu verstehen.

An das Kreuz Christi wurde – so heißt es im Kolosserbrief – der
Schuldschein geschlagen, der gegen uns hätte geltend gemacht wer-
den können, und damit ein für allemal gelöscht (Kol 2,14). Im
zeitgenössischen Judentum wurde das Verhältnis des Menschen zu
Gott verschiedentlich als das eines Schuldners gegenüber seinem
Gläubiger beschrieben. So verglich R. Aqiba (Anfang 2. Jh. n.Chr.)
Gott mit einem Krämer, der ausleiht und alle Beträge, die er abge-

---

13 Vgl. A. Deissmann, Licht vom Osten, Tübingen [4]1923, 271–282.
14 Vgl. Friedrich, ebd. (s. Anm. 3), 82–86.

geben hat, auf einer Schreibtafel verzeichnen lässt. Jeder, der borgen will, kommt und leiht sich aus. Wie der Krämer dann durch die Eintreiber zurückholen lässt, was ihm zu zahlen ist, so fordert Gott durch die Engel von den Menschen, was sie ihm schuldig sind. Nach den Eintragungen wird dann gerechtes Gericht gehalten.[15]

Dieses aus dem Schuldrecht stammende Bild ist bei dem Hinweis auf den Schuldschein vorausgesetzt. Es wird daher nicht auf einen Mythus angespielt, nach dem der mit der Hand ausgestellte Schuldschein das Dokument eines Schuldvertrages ist, den der Mensch mit dem Teufel abgeschlossen und durch den er sich für die Leistungen, die der Satan ihm erweisen sollte, zur Hingabe des Lebens in Sünde und Tod verpflichtet hätte. Weder vom Teufel noch von einem Vertrag, den der Mensch mit ihm eingegangen wäre, ist die Rede. Der Schuldschein gibt vielmehr über die Schuldverfallenheit des Menschen vor Gott Auskunft. Sein Zeugnis spricht gegen uns. Gott aber hat um Christi willen die Schuld erlassen und die Urkunde, auf der sie verzeichnet stand, vernichtet.[16]

Der Gedanke, dass ein Mensch für andere – seine Freunde, vielleicht aber auch Fremde – in den Tod zu gehen bereit ist, damit sie frei sein möchten, ist der alten Welt durchaus bekannt. Vom Motiv der *Stellvertretung* wird mit hohem Respekt gesprochen.[17] Mit besonderer Hochachtung wird immer wieder auf das Beispiel des Sokrates hingewiesen, der ein Vorbild für edles Sterben gegeben habe. Popularphilosophische Argumentation sprach daher davon, dass der edle Tod eines weisen Mannes spürbare Wirkung auf seine Umwelt ausübt. Doch damit ist ein vollkommen anderer Gedanke ausgesprochen, als wenn davon die Rede ist, dass Sündenschuld getilgt wird. Das „ein für allemal", welches das urchristliche Bekenntnis zum Kreuz Christi spricht, bleibt ohne Analogie in der griechisch-römischen Welt.

Heißt es in den Abschiedsreden Jesu im Johannesevangelium, niemand habe größere Liebe als die, dass er sein Leben lässt für seine Freunde (Joh 15,13), so ist damit vorausgesetzt, dass diese unermesslich große Liebe von Christus für die Seinen aufgebracht

---

15 Vgl. E. Lohse, Die Briefe an die Kolosser und an Philemon, Göttingen ²1977, 162–165.

16 Vgl. Friedrich, ebd. (s. Anm. 3), 92–94.

17 Vgl. D. Seeley, The Noble Death, Graeco-Roman Martyrology and Paul's Concept of Salvation, Sheffield 1990.

wurde. Denn „der Menschensohn ist nicht gekommen, dass er sich
dienen lasse, sondern dass er diene und sein Leben gebe als Lösegeld für viele" (Mk 10,45 Par.). Dieses Wort vom *Lösegeld* ist
durch die Bezugnahmen auf Jes 53 bestimmt. Denn wenn gesagt
wird, das Lösegeld, das der Menschensohn entrichtet, solle den
Vielen, d.h. allen, gelten, so ist damit unverkennbar an das Lied
vom leidenden Gottesknecht angeknüpft. Dort findet sich viermal
der Ausdruck „die Vielen" (Jes 52,14 f.; 53,11 f.), und dreimal
wird davon gesprochen, dass der Gottesknecht sein Leben hingab
und damit die Ersatzzahlung für die Vielen leistete (Jes 53,10–12).
Wie er sich erniedrigte, die Sünden der Vielen trug und für die
Schuldigen eintrat, so erfüllt sich die Sendung des Menschensohnes
im Dienen und Leiden. Mit seinem Tod zahlt der Menschensohn
den Preis, den eigentlich die Vielen hätten aufbringen sollen.
Darin erfüllt sich also die Sendung des Menschensohnes, dass er
sein Leben hingibt als Lösegeld für die Vielen.[18]

Die Vielzahl der Begriffe, Bilder und Vorstellungen, mit denen die
urchristliche Verkündigung die ein für allemal gültige Bedeutung
des Kreuzestodes Jesu zu verdeutlichen suchte, will übereinstimmend
aussagen, dass Jesus Christus der gekreuzigte und auferstandene
Herr ist. Er ist am Kreuz gestorben und hat um unseretwillen –
unserer Sünden willen, für uns, d.h. uns zugute – gelitten, nach
den Schriften.[19]

In der Taufe sind wir in den Tod Christi hineingegeben, um
jetzt im Zeichen der Auferstehung ein neues Leben zu führen und
dem Herrn gehorsam zu sein (Röm 6,1–11). Und in der Feier des
Herrenmahls wird jedem Glied der feiernden Gemeinde zugespro-
chen, dass Christus unsere Last auf seine Schultern geladen und sie
weggetragen hat, damit wir neue Schöpfung in Christus sein sollen:

---

18 Zur Deutung des Todes Jesu im Neuen Testament vgl. zusammenfassend:
F. Hahn, ebd. (s. Anm. 8) II, 387: „Die große Zahl der hierher gehörenden
Textstellen lässt erkennen, dass die Sühnevorstellung mit Blick auf Jesu Sterben für das Urchristentum im Vordergrund stand und dementsprechend
für das Neue Testament zentral ist. Die Auffassung von der stellvertretenden Sühne ist die fundamentale Deutungskategorie für Jesu Tod, die sich
aus alttestamentlicher Tradition nahe legte."
19 Vgl. Klaiber, Römerbrief (s. Anm. 10), 63: „Gottes Gerechtigkeit besteht
gerade darin, dass Gott selbst durch den Tod Christi für die Menschen die
tödlichen Folgen ihrer Sünden bewältigt und so den Weg zur erneuerten
Gemeinschaft mit ihnen freimacht."

„Christi Leib für dich gegeben" – „Christi Blut für dich vergossen" – „Geh hin in Frieden".

III. Was die rettende Kraft des Kreuzestodes Jesu Christi „für uns" bedeutet

Uns Menschen der Moderne wird es nicht leicht, die verschiedenen Deutungen mit zu vollziehen, mit denen im Neuen Testament die unvergleichliche Bedeutung des Todes Christi beschrieben wird. Kultische Begriffe der alten Welt, aber auch Forderungen nach Sühne und Entsündigung spielen in heutigem Denken keine Rolle. Die Botschaft des Neuen Testaments fordert von uns nicht, dass wir uns alle einst verwendeten Begriffe in gleicher Weise zueigen machen müssten. Wohl aber geht es darum, die Gedankengänge der biblischen Texte sorgfältig nachzuzeichnen und dann ihre Aussagen in heutige Sprache zu übersetzen, auszulegen und zuzusprechen.

Mancherlei Kritik und höhnischen Einwänden sahen sich schon die ersten Christen ausgesetzt. Das Kreuz Christi galt in der alten Welt als Zeichen der Schande, als Galgen, an den man einen Verbrecher hängte. Der Apostel Paulus sagt, das Wort vom Kreuz sei für die Juden ein Ärgernis, ein Skandal (1 Kor 1,22), und das heißt: Über dieses Wort müssen sie stolpern und kommen zu Fall. Denn sie verlangen nach eindeutigen Zeichen und Beweisen, an denen abzulesen ist, dass die messianische Zeit wirklich kommt. Nahezu ein Jahrhundert später hält der Jude Tryphon dem christlichen Märtyrer Justin vor, dieser sogenannte Christus, von dem die Christen reden, sei ohne Ehre und Herrlichkeit gewesen, so dass er sogar dem schlimmsten Fluch verfiel, den das Gesetz Gottes verhängt (Dtn 21,23); denn er ist ja gekreuzigt worden (Justin, Dialog mit dem Juden Tryphon 32,1).

Den Griechen aber, die nach Weisheit, nach schlüssiger, überzeugender Argumentation fragen, muss – wie Paulus im gleichen Zusammenhang bemerkt – die Kreuzespredigt als schlechthin unsinnig erscheinen (1 Kor 1,22). Die Götter sind unsterblich und darum dem Leiden nicht unterworfen. Wenn sie auf Erden erscheinen, dann haben sie sich Menschengestalt nur wie ein Gewand umgelegt, das sie abwerfen, sobald sie wieder in die himmlische Welt zurückkehren. Zwar kennen die hellenistischen Mysterien-

religionen aus dem Orient übernommene Kultmythen, die vom
Sterben und Auferstehen einer Gottheit erzählen. Aber darin wird
der sich ständig wiederholende Vorgang des Absterbens und Auf-
blühens der Natur abgebildet, in dem Leben und Tod nur den
Durchgang zu neuem Leben darstellen. Das Schicksal der Kult-
gottheit zeigt eine ewige Wahrheit von Werden und Vergehen auf,
nicht jedoch ein bestimmtes geschichtliches Ereignis. Es ist Mythus,
nicht Geschichte. Darum bleibt es dem Griechen unvorstellbar,
dass der Gottessohn leidend am Kreuz gestorben sein soll.

Aus der Zeit der frühen Kirche sind mancherlei Zeichen und
Symbole bekannt, deren sich die Christen bedienten. Zu ihnen gehört jedoch in der ältesten Zeit nicht das Kreuz. Als die älteste
Darstellung des Kreuzes Christi wird eine kunstlose Wandzeich-
nung aus dem Paedagogium auf dem Palatin in Rom anzusehen
sein.[20] Dort ist im dritten Jahrh. n.Chr. von ungelenker Hand ein
Kreuz an die Wand geritzt worden, an dem ein Mensch mit einem
Eselskopf hängt. Unter dem Kreuz steht ein Mann mit huldigen-
der Gebärde, die durch die Worte erläutert wird: „Alexamenos
betet zu Gott." Durch diese Darstellung soll offensichtlich ein
Christ lächerlich gemacht werden. Wie kann er zu einer Gottheit
beten, die sich im Gekreuzigten offenbart hat? Spott und Hohn
sind die Antwort der Griechen auf die Kreuzespredigt. Die Christen haben in den ersten Jahrhunderten daher nirgendwo die Kreuzigung Christi dargestellt – auch in den Katakomben fehlt dieses
Thema –, um nicht durch die Abbildung des Gekreuzigten argem
Missverständnis oder der Verhöhnung des Evangeliums Vorschub
zu leisten. Erst von der Zeit des Kaisers Konstantin an findet sich
das Kreuzeszeichen als christliches Symbol, das nun nicht nur das
Leiden, sondern auch den Triumph der Herrschaft Christi über die
Welt abbilden soll.

Christliche Verkündigung hat zu jeder Zeit die Botschaft auszu-
richten, dass Gott in seiner unergründlichen Liebe sich uns zugewandt hat, indem er Christus dahingab. Im Philipperbrief zitiert
der Apostel Paulus einen urchristlichen Hymnus, in dem zunächst
ausgesagt wird, dass Christus sich erniedrigte und Gott gehorsam
blieb bis zum Tod. Doch dann hat Gott ihn erhöht und ihm einen
Namen gegeben, der über alle Namen ist: Jesus Christus der Herr

20 Vgl. E. Dinkler, Signum Crucis, Tübingen 1967, 150–153 und Abb. 33 a.

(Phil 2,6–11). Der tiefste Punkt, zu dem Christus sich erniedrigte, liegt in seinem Kreuz. Diese Aussage unterstreicht Paulus, indem er in den von ihm aufgenommenen Hymnus die Worte einfügt: „ja, zum Tode am Kreuz" (Phil 2,8). Damit hebt der Apostel hervor, dass Gottes Liebe nicht etwa vor Elend und Tod halt macht, sondern in das bitterste Leiden eintritt und so seine barmherzige Nähe sichtbar macht.

Gott hat die Welt – diese unsere Welt – „so sehr geliebt, dass er seinen eingeborenen Sohn gab, damit alle, die an ihn glauben nicht verloren werden, sondern das ewige Leben haben" (Joh 3,16). Heißt es auf der einen Seite, dass Gott den Christus dahingab, so wird auf der anderen Seite gesagt, dass Christus sich selbst dahingab (Gal 1,4 u.ö.). Er gab sich selbst zum Opfer dahin (Eph 5,2.25), um an unsere Stelle zu treten, die wir alle miteinander dem Tod unterworfen sind. Damit aber findet der selige Tausch statt, von dem es im Weihnachtslied heißt: „Er wird ein Knecht und ich ein Herr; das mag ein Wechsel sein" (EG 27,5).[21]

Dieses Motiv der Hingabe, in dem Gottes Ratschluss und Christi Erniedrigung zu vollkommener Einheit zusammengefasst sind, kann gerade uns heutigen Menschen als wichtige Verstehenshilfe dienen. Denn sie besagt in knappen Worten, dass gerade in der Tiefe des Leidens und Sterbens wir nicht verlassen sind, sondern den gekreuzigten Christus unmittelbar an unserer Seite wissen dürfen.

In einer Erklärung, die das „Leitende Geistliche Amt der Evangelischen Kirche in Hessen und Nassau" kürzlich verabschiedet hat, wird zur Frage der Deutung des Todes Jesu als ein Gott versöhnendes Opfer gesagt: „Der exegetische Befund zeigt, dass der Kreuzestod Jesu Christi mit Hilfe verschiedener Bilder und Metaphern verstanden werden kann. Alle neutestamentlichen Deutungsmodelle stimmen jedoch in der Erkenntnis überein, dass Jesus am Kreuz ‚für uns' gestorben ist und dass darin die Heilsbedeutung seines Todes liegt … Allein aus der Tatsache, dass das Opferbild heute vielen Menschen fremd und anstößig anmutet, kann nicht gleich gefolgert werden, dass diese Bildwelt in der christlichen Verkündigung keinen Platz mehr haben darf … Nicht Gott, sondern der Mensch muss versöhnt werden. Gott ist das Subjekt, nicht das

---

21 Im Evangelischen Gesangbuch, insbesondere in den Passionsliedern, findet sich ein reicher Schatz von Aussagen über Christi Tod für uns – uns zugut.

Objekt des Versöhnungsgeschehens …" Die Botschaft von der durch
Christi Tod für uns bewirkten Versöhnung hilft dazu, „als durch
Christus mit Gott versöhnte Menschen sich der Welt zuzuwenden
als ‚neue Kreaturen' in einer durch das Kreuz veränderten Welt".[22]

„Der letzte Feind, der überwunden wird, ist der Tod" – sagt der
Apostel Paulus (1 Kor 15,26). Christus aber hat in seinem Sterben
und Auferstehen diesen Feind besiegt. Darum – mit Paul Gerhardt: „Er reißet durch den Tod, durch Welt, durch Sünd, durch
Not, er reißet durch die Höll, ich bin stets sein Gesell" (EG 112,6).

---

22 Vgl. Stellungnahme des Leitenden Geistlichen Amtes zur umstrittenen
   Deutung des Todes Jesu als ein Gott versöhnendes Opfer, in Hampel/
   Werth (Hg.), Für uns gestorben (s. Anm. 1), 251–261, 253f. 257.260;
   sowie die Stellungnahme des Theologischen Ausschusses und Beschluss der
   Synode der Evangelischen Kirche der Union: Zum Verständnis des Todes
   Jesu – Schriftenreihe der Evangelischen Kirche der Union, herausgegeben
   von F. Viering, Gütersloh 1968.

Jes 52,13 – 53,12

W.H. Schmidt

„Er weckt mich alle Morgen, er weckt mir selbst das Ohr" – J. Kleppers Lied[1] nimmt das dritte Gottesknechtlied (Jes 50,4–9) mit Stichworten und Themen auf, in die sich der Beter und Sänger einstimmt: „Er will, dass ich mich füge, … hab nur in ihm Genüge", „spricht mich selbst gerecht". Diesem Jünger wird zugesagt, „nicht zuschanden" zu werden, „wie dunkel auch der Tag".

Die vier „Lieder" vom „Ebed/Knecht" Gottes greifen Überlieferungen von dem Königtum und mehr noch der Prophetie, bes. Jeremias Selbst-Aussagen von der Bestimmung im „Mutterleib" bis zu seinem durch den Auftrag verursachten Leiden, auf, um sie zugleich zu überbieten. Dabei werden in der Folge der Lieder entscheidende Kennzeichen des „Gerechten" (53,11) vorbereitet.

Gottes Knecht wird (42,1–4) mit seiner Bevollmächtigung und Aufgabenstellung „präsentiert", der Allgemeinheit vorgestellt: Der mit Gottes Geist begabte „Erwählte" soll „das Recht zu den *Völkern* hinaustragen", Gottes „Tora/Weisung" aller Welt verkünden. Von vornherein sind die umfassende Weite seines Auftrags und seine Fürsorge für die Bedürftigen, „das geknickte Rohr nicht zu zerbrechen, den (nur) glimmenden Docht nicht auszulöschen", verbunden. Erhält Jeremia (1,8; 15,20) die Zusage von Gottes „Mit-Sein" in der Gefahr, so wird hier ein Misserfolg bestritten: „Er selbst erlischt nicht und bricht nicht zusammen" (42,4).[2] „Er wird nicht matt", auch von Gott (40,27f) ausgesagt, wird von hier an nach Wirksamkeit und Leiden entfaltet.

Trotz der einleitenden Anrede an die „Völker von ferne" ist Jes 49,1–6 mit der doppelten Aufnahme von Jeremias Berufung deutlich individuell[3] ausgerichtet: Die Erwählung vollzog sich bereits

---

1   EG 452 mit Strophen 3–4 und 6.
2   Jeremia (8,21; vgl. 23,9) kann klagen: „Am Bruch" meinen Volkes „bin ich zerbrochen".
3   Die kollektive Deutung hat Anhalt an V3: „Israel" ist dort aus verschiedenen Gründen aber höchstwahrscheinlich ein Zusatz: a) In der Regel (wie V5; 40,27) stehen Israel/Jakob" parallel. b) Der „Knecht" hat einen Auftrag an

vor der Geburt.[4] Ist Jeremia (1,5) als „Prophet für die Völker" eingesetzt, so wird der Knecht – in einer Steigerung – zum „Licht der Völker" bestimmt (49,6)[5].

Jes 50,4–9, wie Jes 49 ein Ich-Bericht, bekräftigt mit einem Bekenntnis der Zuversicht zuvor angeklungene Eigenheiten: Zurüstung von Zunge und Ohr mit der Aufgabe, die „Müden durch das Wort zu erquicken", Gewissheit göttlichen Beistands, Festigkeit im – wie bei Jeremia nicht selbst verschuldeten – Leiden und – über Jeremia hinaus – Bejahung dieses Geschicks.

Im Gefälle der Lieder, die Herrlichkeit und Demut, Macht und Ohnmacht zusammendenken, tritt der Einfluss der Königstradition mehr und mehr zurück, bis Jes 53 geradezu ein Gegenbild zeichnet.[6] Das vierte und letzte Lied bringt die zuvor angedeutete[7] Niedrigkeit des Knechts kaum überbietbar zum Ausdruck.

Sowohl die Lieder vom Gottesknecht als auch die Erwartungen eines künftigen Herrschers können dem Geschehen weltweite Bedeutung[8] zu-

---

Israel (49,5f). c) Die Ergänzung oder Nachinterpretation lässt sich aus der Einfügung der Gottesknechtlieder in die Umgebung, einen kollektiven Kontext (Israel als „Knecht" 41,8f; 44,1 u.a.), verstehen; zumal 44,23 („sich verherrlichen") war wohl Vorbild. Zudem nimmt (anders als Israel 42,18f; 43,24 u.a.) der „Knecht", selbst schuldlos, sein Los willig auf – bis zum Tod.

4   Im Rückblick auf seine eigene Berufung, seine vor aller Erfahrung liegende, zeitlich nicht mehr hintergehbare Bestimmung im „Mutterleib" greift Paulus (Gal 1,15f) die Überlieferung auf: Beheimatet in der Vorstellung von der Vorherbestimmung des Pharaos, nimmt Jeremias Berufungsgeschichte (1,5) den Zusammenhang von (a) der Vorherbestimmung vor der Geburt (b) für die Völker auf, um ihn zugleich zu korrigieren: statt zur Herrschaft vielmehr c) zur Verkündigung. Der Exilsprophet ergänzt bei der Darstellung des Gottesknechts einen vierten Aspekt, spitzt nämlich d) auf das Heil zu. Auf diesen Motivverbund kann sich Paulus stützen. Wie Jeremia erfährt er erst als Erwachsener von seiner Bestimmung.

5   Jeweils in der Gottesrede: „Ich setze dich…"!

6   Ähnlich ist das spätere Verständnis von Mose Num 12,3; auch Ex 32,30ff. – Vgl. aus jüngerer Zeit zum Thema Gottesknecht H.J. Hermisson, Studien zu Prophetie und Weisheit: FAT 23 (1998) 175ff, bes. 220ff (sowie seine zu Jes 49; 50 schon erschienene, für Jes 53 angekündigte Auslegung im Biblischen Kommentar XI/2–3). Zu dem in letzter Zeit viel diskutierten Thema: J.C.Janowski u.a. (Hg.) Stellvertretung (2006); B. Janowski, Ecce homo: BThSt 84 ([2]2009 mit Lit.); V. Hampel/R.Weth, Für uns gestorben (2009).

7   Jes 49,4; bes. 50,6.

8   Jes 42,1.4; 49,1.6; 52,15 bzw. 11,10; Mi 5,3; Sach 9,10.

messen. Beiden kommt Macht zu, aber im Wort.[9] Die letzte messianische Weissagung des Alten Testaments (Sach 9,9f)[10] stellt in solchem Maße die Armut oder Demut des Zukunftskönigs, seine Angewiesenheit auf Gottes Hilfe (Jes 50,9) und zugleich seinen weltweiten Auftrag heraus, dass sich die Ausleger schon öfter an die Gottesknechtlieder, insbesondere an die Erniedrigung des Knechts Jes 53 (V4), erinnert fühlten. Jener „König" wie dieser Knecht führen (Sach 9,9; Jes 53,11; vgl. 50,8) den Titel „gerecht".

Allerdings ist Jes 52,13–53,12 insgesamt keine Verheißung. Jedoch teilt sich – entscheidend für das Verstehen – das Geschehen in zwei Zeiten auf: Vergangenheit und Gegenwart einerseits, Zukunft andererseits. Der Unterschied hat zugleich sachliche Bedeutung: Leiden mit Tod und Stellvertretung gehören wohl in Vergangenheit bzw. Gegenwart, die zugesagte Verherrlichung[11] des Verachteten steht mit der weltweiten Anerkennung noch aus. Die Erhöhung des Erniedrigten sprechen die beiden Gottesworte aus, vorwegnehmend 52,13–15 und bestätigend 53,11b–12. Sie sind nicht an den Knecht gerichtet, sondern ergehen – ähnlich der Präsentation 42,1–4 – vor weltweitem Horizont und umrahmen ein von der Gemeinde oder dem Volk gesprochenen „Wir"-Bekenntnis, ein Danklied mit Elementen der Klage, der Erzählung der Not 53,1–11a. So ist die Einheit grob *dreigliedrig*:

I. Jes 52,13–15
(Vorweg zusammenfassendes) Gotteswort. Zusage des „Erfolgs":
Erhöhung des Erniedrigten (V14) vor aller Welt

II. 53,1–11a Danklied einer „Wir"-Gruppe.
Umfangreicher Mittelteil in drei Strophen:
V1–3   V1 Frage nach der Aufnahmebereitschaft für die unerhörte Botschaft
V2f In der Vergangenheit Fehleinschätzung auf Grund der Unansehnlichkeit des Knechts

---

9 Der „Stab" bzw. das „Schwert" des Mundes (Jes 11,4; 49,2). Wie der Erwartete das Heil den Völkern „verkündet" (Sach 9,10) so fordert sie der Knecht zum Hören auf (49,1; vgl. 50,4; 53,1).

10 Vgl. H.- H. Auel (Hg.), Jesus der Messias (Göttingen 2011) 22ff. Auch die erwartete königlich-messianische Gestalt kann im exilisch-nachexilischen Zeitraum den Titel „Knecht" führen (Ez 34,23f; 37,24f; Hag 2,23; bes. Sach 3,8 „mein Knecht").

11 Vgl. 49,3; 52,13.15; 53,10ff.

V4–6   Im Rückblick neu gewonnene Einsicht. Schuldbe-
            kenntnis: Bisher der eigene falsche Weg
V7–10a   Schilderung des Leidens des Knechts (in 3.Ps. ohne
            hervorgehobenen Bezug zum „Wir")
V10b-11a   Zusage neuen Lebens

III. 53,11b-12 (Abschließend bestätigendes) Gotteswort. Heilvolle
Auswirkungen der Hingabe des Lebens für die „Vielen".

Die Frage „Von wem sagt dies der Prophet – von sich selbst oder
einem andern?" (Apg 8,34) setzt die individuelle Deutung wie
selbstverständlich voraus.[12] „Knecht" ist ein *Ehrentitel*. Innerhalb
seiner Botschaft weiß der Exilsprophet Deuterojesaja zu unterscheiden: „König" ist Gott allein (52,7 u.a.).[13] Ist der „Knecht" –
analog zum „Knecht bzw. Minister des Königs"[14] – Beauftragter
des himmlischen „Königs"?

Die Gottesrede 52,13f, in der das einleitende „Siehe" (wie 42,1)
auf ungewöhnlich Neues hinweist, greift vorweg, verkündet noch
vor dem leidvollen Weg in die Tiefe die Höhe. Die Wende steht
noch bevor; es wird mehr als die zuvor (50,9) versprochene Hilfe
verheißen: Gerade dem Entstellten (V14) wird weltweit Bedeutung
zukommen. Das Entsetzen weicht bis hin zu Königen künftigem
Staunen; „Aufsteigen" ist dem „Erfolg haben" gleichgesetzt. Sollen
Vergangenheit und Gegenwart von vornherein im Lichte der ange-

---

12 Die Antwort (vgl. Anm. 3) ist wie eh und je umstritten: eine Person der
    Vergangenheit, der Zukunft oder schon der Gegenwart – nämlich, wie
    man häufig annimmt, der Prophet selbst? Stammt das letzte Lied, das keine
    Ich-Rede des Knechts (wie Jes 49; 50) mehr enthält, von Schülern?
13 Dem Nicht-Davididen, ja Nicht-Israeliten Kyros spricht der Prophet zu,
    Gottes „Gesalbter" (Jes 45,1) zu sein, und verleiht ihm weitere Ehrentitel,
    wie „mein Hirte" (44,28; vgl. 48,14). So nimmt der Perserkönig eine ähn-
    liche Stellung ein, wie sie in Israel früher der eigene König (vgl. Ps 2) hatte,
    dem Gott hilft. Kyros wie der Knecht werden von Gott bei der Hand er-
    griffen (Jes 45,1; 42,6), bei Namen genannt (45,3f; 49,1) und erhalten den
    Auftrag, Gefangene zu befreien bzw. Gerettete zurückzubringen (45,13;
    49,6). Die Natan-Verheißung (2 Sam 7) wird auf das Volk übertragen
    (55,3).
14 Vgl. 2Kön 22,12. Auch der erwartete (sog. messianische) König kann als
    Amtsträger in der Gottesherrschaft auftreten (vgl. Hag 2,21; Sach 4,14;
    auch Mi 5,1 „er wird *mir* kommen" u.a.).

sagten Zukunft gesehen werden?[15] Erschließt sie erst das Geschehen? Auf Grund der Verheißung ist neue Einsicht möglich.

V1 „Wer glaubt?"[16] leitet von der Ankündigung zur Einsicht in Geschehenes über. Werden die Empfänger, welche die Kunde hören, nicht zu Sprechern? Das Unerhörte, Nie-Erzählte ist zunächst das vorausgehende, vernommene Gotteswort, dann die folgende Darstellung oder das unvergleichliche Geschehen als ganzes: die Erhöhung des Erniedrigten mit der Heilsbedeutung des Leidens.

Kann das Höhere als das Bedeutendere erscheinen[17], so ist es hier umgekehrt. Die Kennzeichnung „nicht mehr menschlich" (52,14) wird in Umkehrung der Tradition ausgeführt: Der Knecht hat im Gegensatz zum König[18] weder „Hoheit" noch „Schönheit" (53,2). Seine Erscheinung wie sein Auftreten sind weder herrschaftlich noch heldisch; er erregt auch kein Aufsehen: er gleicht nur einer Wurzel aus dürrem Land.[19] So war er in seiner Erniedrigung verkannt. Dabei verbinden sich verschiedene Züge: die Unansehnlichkeit des Knechts, Verachtung und Abscheu, die er erfährt, seine Verlassenheit oder Einsamkeit, schließlich Krankheit, Schmerz. Nach der folgenden Notschilderung kommen noch Bedrängnis von außen bis zum Tod hinzu. So gibt die Handlungsfolge V2f.4–9 einen „Weg"[20] wieder, gleichsam den „Lebenslauf".

Zwar geht (V4ff) die Erzählung vom Leiden weiter, tritt mit dem vorangestellten „Aber, fürwahr" jedoch in Gegensatz zum Vorigen. Der Knecht war zuvor (V2f) verkannt; jetzt kommt eine eigene „unsere" Betroffenheit hinzu. Ähnlich findet sich im zunächst individuellen Lob Gottes (Ps 103,10) ein „Wir"-Bekenntnis, das die Person von ihrer Tat unterscheidet: „Er handelt nicht mit *uns* nach *unseren* Sünden". Hier (53,4f) ist ein solches von einer „Wir"-

---

15 Dem oder der Klagenden wird im sog. Heilsorakel Erhörung zugesagt (Gen 21,17f; 1Sam 1,17 u.a.).

16 Eine zweifelnd-skeptische Reaktion der Hörer gegenüber prophetischer Verkündigung ist oft belegt (Hos 9,7; Jes 5,18f; 28,9.12; 30,9.11f.15; Jer 6,16f; 17,15; 20,18; 38,15; vgl. Mk 3,21; 6,4; Mt 13,57; Lk 11,29; Joh 10,20 u.a.). Gehört zum „Glauben" das Staunen? Das Vernehmen der Botschaft führt zum Umdenken, zu tieferer Erkenntnis.

17 Vgl. Jes 2,2; Ps 48,2 u.a.; aber auch die Erwählung des Geringen (Dtn 7,7; Mi 5,1 u.a.).

18 Ps 21,6; vgl. 45,3; 1Sam 16,12.18; 1Kön 1,6 u.a.

19 Wird damit das Bild von Jes 11,1 abgeschwächt aufgenommen?

20 Vgl. V6 „jeder seinen Weg".

Gruppe, der Gemeinde oder dem Volk gesprochene Bekenntnis, mit dem „Knecht" verbunden.

Es enthält nicht nur Schuldbekenntnis oder Selbstanklage, sondern eine neue Einsicht. Was die „Wir"-Gruppe dem Knecht verdankt, haben sie nicht erkannt; erst nachträglich wird deutlich: es geschah um der eigenen Schuld willen und ist auf Heil, so auf Befreiung ausgerichtet. Von dieser gewonnenen Überzeugung her – mit Bezug zu den Sprechern – geht V6 auf die Lage der Redenden vor dieser Erkenntnis ein: Sie schlugen einen falschen „Weg" ein, glichen umherirrenden Schafen ohne Hirten und Führung.

Wieder ergeht das Urteil über den Knecht in Paradoxien, die Wirklichkeit wird der eigenen Meinung gegenübergestellt: Der Knecht war nicht, wie gedacht, auf Grund eigener Schuld von Gott verdient geschlagen, mit Krankheit getroffen, gedemütigt, sondern: Der Einsame, den sie verließen, stand mit seinem Leben für sie ein. Dabei bleibt die Not wie bei den Klageliedern der Psalmen, die auf verschiedene Lebenslagen anwendbar sein möchten, trotz wechselnder Wörter über die Plagen eher allgemein als konkreteindeutig.

Der folgende Abschnitt (V7ff), in dem das Thema Krankheit zurücktritt, redet zunächst allgemein von Bedrängnis und Peinigung, um dann das schweigende Sich-Ergeben in den Willen Gottes des Knechts herauszustellen: „Den Mund nicht auftun" erinnert an das Vertrauensbekenntnis des Klagenden, der sein Geschick auf sich nimmt (50,5f; Ps 39,10). Der stille Gehorsam, ja die widerspruchslose Bereitschaft des Knechts wird in einem Doppelbild entfaltet: vom Schaf, das zum Schlachten abgeführt wird und vor seinem Scherer steht.[21]

Statt Drangsal meint V8 wohl konkret Gefangennahme, Haft.[22] War der Knecht zum Tode verurteilt, zur Hinrichtung[23] gebracht? Er ist „abgeschnitten aus dem Land der Lebendigen" (V8b). Hinzu kommt das entehrende Begräbnis: statt bei den Vätern bestattet,

---

21 Anders Jer 15,10; 20,14f; im Anschluss daran Hi 3. Dennoch mag der Vergleich mit dem Lamm vor der Schlachtbank von Jeremia beeinflusst sein: bei ihm bedeutete es die Arglosigkeit unter Feinden, hier Leidenswilligkeit. Vgl. Jes 53,7f mit Jer 11,19; auch 12,6 u.a. Jer 15,17f spricht Einsamkeit und Anfechtung aus.

22 Vgl. (mit dem entsprechenden Verb) 2Kön 17,4.

23 Deutet „durchbohrt" auf einen gewaltsamen Tod?

bei „Übeltätern" verscharrt. Der Abschluss des „Lebenslaufs" (V9) betont nochmals die Unschuld. Mit V10(b) erfolgt ein Umschwung.

Wieweit wird dabei „bildhaft" geredet? Hier ist kaum nur ein in Krankheit oder anderen Bedrängnissen in das Leben eingreifender Tod gemeint, der die Nähe als die Gewalt des Todes[24] versteht. Wird nicht das Begräbnis berichtet? Auch wenn das „Wie" des neuen Lebens nicht ausgestaltet wird, enthält das Alte Testament in verschiedener Weise ein Bekenntnis zur Macht Gottes über den Tod oder einen Widerspruch mit Hoffnung gegen den Tod.[25]

Dieses Danklied wird nicht, wie im Psalter üblich, durch den von der Not Betroffenen und Geretteten selbst, sondern von anderen erzählt. Drei Gedanken treten hervor:

1. Gott hat dies Leid *gefügt*; das Ereignis ist zugleich seine Absicht.[26] Wie Jeremia (20,7f u.a.) kann der ihm nahestehende Baruch (45,3) bezeugen oder beklagen, dass Gott nicht nur Heilvolles, auch Schweres schickt, „Kummer zu Schmerz hinzufügt". Wird, wenn das Ergehen nicht durch eigenes Handeln verursacht ist, nicht schon ein Zusammenhang von Schuld und Leid, Tun und Ergehen aufgebrochen?[27] Erst recht gilt dies bei der folgenden Einsicht:

2. Der Knecht nimmt nicht eigene, sondern *fremde* Schuld und das Leid anderer auf sich: „sein Leben als Schuldausgleich oder -tilgung"[28]. Hier besteht kein „*Muss*", erst recht keine Forderung, Gott ein Opfer darzubringen. Ist es nicht etwas tiefgreifend anderes, ob man Stellvertretung „vorweg" als notwendig darlegt

---

24 So in der eindringliche Sprache der Klage, wie Ps 88,5ff.

25 Nach Einsichten wie Spr 15,11 (Ps 139,8f u.a.): Ps 22,28ff; 49,16; 73,23ff; Hi 14,13; 19,25f; Jes 25,8 (dazu 1Kor 15,26.54).

26 „Jahwe ließ ihn treffen" (V6); „es gefiel" (V10), entsprach seinem Willen; vgl. etwa Klgl 1,12; Jes 45,7.

27 Vgl. Gen 50,20: Ps 32 u.v.a.

28 Der Ausdruck V10: „die aus einem Schuldiggewordensein resultierende Verpflichtung" (R. Knierim, THAT I, 254), „Schuldtilgung" (B. Janowski [o.Anm. 6] 53f Anm. 77), „Schuldausgleich/Ersatzleistung" (H.J. Hermisson [o.Anm. 6] 227.235). Versteht man das stellvertretende Leiden als „Schuld-Opfer" (Lev 5,14ff; 19,22 u.a.) – vor Gott, so kann man urteilen: „Der Tod des Knechtes bewirkt wie ein Schuldopfer eine Sühneleistung, nämlich die Rettung der Sünder vom Tod" (D. Kellermann, ThAT I, 470). Liegt überhaupt Opfersprache vor? Auch das Lamm (V7) wird nicht als Opfertier bezeichnet, jedenfalls nur im Vergleich genannt.

oder nachträglich bekennt? Sie erscheint hier als „Wir"-Be-
kenntnis der Betroffenen (V4–6): „Er trug *unsere* Krankheiten."
    Die – nicht selten Anstoß erregende, auf Ablehnung stoßen-
de – Aussage von der Stellvertretung wird hier mit verschiedenen Wendungen proklamiert, etwa: gerecht machen bzw. sprechen,
rechtfertigen (V11; vgl. 50,8) oder tragen der Schuld, so eintreten für andere, an ihre Stelle treten.[29] Sein Leiden trug er a)
freiwillig (V7.12a), b) als Unschuldiger (V9b) nicht für sich,
sondern c) für andere (V4–6.10ff). Was eigentlich sie zu tragen
hätten, nahm er auf sich; dafür wurden sie frei. So ermöglicht er
ihnen einen Blick vom eigenen Selbst und Handeln weg (vgl. Ps
115,1): „nicht wir".
3. Das (neue) Leben (V10b–11a) nach Tod und Begräbnis ist –
wie die Verherrlichung (52,12–14) – eine verheißene, künftige
Gabe, während die Gegenwart dem Tod gehört.[30]
    Das göttliche Schlusswort (V11b-12) fasst nochmals das Be-
sondere und Wesentliche des Geschehens zusammen, stellt beides heraus: die künftige Herrschaft und die Stellvertretung. Der
Gerechte wird „die *Vielen*" gerecht machen. Dabei ist „viele"
nicht partitiv-einschränkend: „viele, aber nicht alle", sondern
generalisierend-inklusiv zu verstehen: „die große Zahl, die
Menge, alle"[31]. Sie sind wahrscheinlich das Gottesvolk (52,14).
Oder können gar in der Zukunft weit ausgreifend „viele Völker"
(52,15; vgl. 42,1.4) über ein Forum hinaus auch die Betroffenen bilden?

Im Neuen Testament kann das Kreuz als Tat Gottes gedeutet werden: „Er
gab dahin."[32] Bezeugt das Alte Testament[33] den „wahrhaft lebendigen
Gott", so wird in der ältesten Schrift des Neuen Testaments (1 Thess 1,9),
die Annahme der Heilsbotschaft verstanden als Hinwendung zu dem
einen „lebendigen und wahren/wahrhaften Gott", der – analog zu alttestamentlichen Bekenntnisformeln wie „der Himmel und Erde gemacht"
oder „der tötet und lebendig macht" (1Sam 2,6) – „Jesus von den Toten

---

29 Zumindest in Grenzsituationen des Lebens gibt es stellvertretendes Han-
    deln bis zur Todesgefahr auch heute.
30 Zum neuen Leben gehören (V10) auch Nachkommen; es ist aber mehr als
    ein Weiterleben in den Kindern.
31 Vgl. Jes 2,2 (Mi 4,5); dazu Joachim Jeremias, ThWNT VI, 536–545; auch
    ThWAT VII, 315.
32 Röm 8,32; vgl. 4,25; Joh 3,16.
33 Jer 10,10; vgl. 2,13; Ps 36,10; 42,3.9; 84,3 u.a.

auferweckt hat" (1,10).[34] So ist Ostern Zeugnis des Glaubens an *Gottes Tat*. Der so angedeutete Zusammenhang wird entfaltet in dem – schon im Alten Testament (Jes 43,1 u.a.) bezeugten – Bekenntnis zur *Identität* von *Schöpfer* und *Erlöser*, wiederum in einem einzelnen Vers (2Kor 4,6 mit Zitat von Gen 1,2f).

Der Text wird mit seiner durch die Erfahrung nur teilweise gedeckten Aussage, mit seinem Überschuss über die Wirklichkeit überliefert, gleichsam mit einer Frage an Hörer oder Leser weitergegeben und erhält so seine vielfältige Wirkungs- oder Rezeptionsgeschichte.

---

34 Vgl. Gal 1,1; Röm 4,24; 8,11; 10,9; 2Kor 4,14; auch 1Kor 6,14; 15,4.12.20;
    Eph 1,20; Apg 2,24.32; 17,31 u.a.

Predigt und Gottesdienst

Hans-Helmar Auel

Jes 52,13–53,12 – Predigt

1

Es war ein Mann, der zog hinab von Jerusalem nach Gaza durch ödes Land. Im Tempel hatte er den Gottesdienst mitgefeiert und gebetet. Nun war er auf dem Heimweg, und sein zu Hause war das ferne Äthiopien. Heute kommst du nicht mehr ungeschoren von Jerusalem nach Gaza und schon gar nicht problemlos bis nach Äthiopien. Auf seinem Wagen sitzt er und liest nach dem Gottesdienst Bilanz. Das ist seine Aufgabe, des Staates Bilanz zu ziehen, ist er doch der Finanzminister der Königin von Äthiopien, und Minister heißt Diener, nicht Bediener. Seine Bilanz muss stimmen, Soll und Haben müssen es auch. Schulden darf er keine machen und zu Schulden kommen lassen darf er sich schon gar nichts. Am Ende würde er mit seinem Leben haften.

Ein Finanzminister zieht von Jerusalem hinab nach Gaza, liest Bilanz und sein Bilanzbuch steht in der Schrift. Es ist das Prophetenbuch Jesaja. Laut liest er aus der Schriftrolle die in die griechische Sprache übersetzten Prophetenworte und befolgt mit seinem lauten Lesen die Worte des Psalms 1: Wohl dem Manne, der Lust hat am Gesetz des Herrn und murmelt über ihm Tag und Nacht. Worte wollen nicht nur von den Augen aufgenommen werden. Der Mund soll sie hörbar wiedergeben, damit sie in die Ohren dringen, beim Hören in uns eingehen und ihren Sinn entfalten. Vor Augen steht mir meine Großmutter, die an fast jedem Sonntag nach dem Kaffee vor dem Melken sich in ihren Sorgenstuhl setzte und in der Bibel las mit jenem gleichförmigen Singsang, den wir murmeln nennen. Auf meine Frage, weshalb sie das denn mache, antwortete sie mir: „In dieser Stunde hole ich mir die Kraft für die ganze Woche!"

2

Da liest nun ein Finanzminister hörbar aus dem 53. Kapitel des Propheten Jesaja, und die Bilanz, die er da liest, hat es in sich:

> Wie ein Schaf, das zur Schlachtung geführt wird,
> und wie ein Lamm, das vor seinem Scherer verstummt,
> so tut er seinen Mund nicht auf.
> In der Erniedrigung wurde sein Urteil aufgehoben.
> Wer kann seine Nachkommen aufzählen?
> Denn sein Leben wird von der Erde weggenommen.
> *(Jes 53,7a-8b nach Apg 8,32–33)*

Was fängst du alleine mit einer solchen Bilanz an?

Zu ihm tritt Philippus, einer der sieben Armenpfleger (Apg 6,5) der christlichen Gemeinde in Jerusalem. Ein Engel hat ihn auf den Weg geschickt und der Geist bis hierhin geführt. Er hört die laut gelesenen Worte des Fremden: „Verstehst du auch, was du da liest?" Eine Frage öffnet Türen und den Mund. Was die Schrift sagt, ist ja klar. Nur – von wem redet sie, wenn sie redet? Wessen Bilanz wird da gezogen? Redet der Prophet von sich selbst oder von einem anderen? Da öffnet Philippus seinen Mund und „fing mit diesem Wort der Schrift an und predigte ihm das Evangelium von Jesus" (Apg 8,35). Er sagt nicht, dass der Prophet von Jesus Christus redet. Er verkündigt aber das Leiden und Sterben und die Erhöhung Jesu. Im Lichte dieser Prophetenworte kann sein Geschick gedeutet und verstanden werden. Philippus gibt diesem Unbekannten aus dem Prophetenbuch ein Gesicht. Es ist das Antlitz des leidenden, sterbenden und auferstandenen Herrn.

3

Es gibt Worte, die haben eine ungeahnte Tiefe, weil sie aus ungeahnter Tiefe kommen. Es klingt so, als nähme der äthiopische Finanzminister in seiner Frage die Worte des Kirchenvaters Augustin vorweg: „Ich sehe die Tiefe, aber ich kann nicht auf den Grund kommen!" Ist dann alles Nachsinnen und Verkündigen grundlos? Das Gesicht jedoch, das Philippus diesen Worten gibt, strahlt so in dem Äthiopier auf, dass er sich in die Tiefe begibt und sich taufen lässt. Und dann zieht er seine Straße, solange sie auch ist, fröhlich.

4

Die laut gelesenen Prophetenworte, denen Philippus ein Gesicht
gab, gehören zu einem Abschnitt des Prophetenbuches Jesaja, den
wir seit dem Alttestamentler Bernhard Duhm „Gottesknechtslieder"
nennen. Vier Lieder sind es insgesamt, sie singen vom „Knecht
Gottes", dem namenlosen, und „Knecht" ist dabei ein Ehrentitel,
auch Bezeichnung für den Minister, bei uns heute eher eine Belei-
digung.

Etwas von der wertvollen Bedeutung des Wortes Knecht hat im
Gegensatz zu unserer die niederländische Sprache aufbewahrt.
Beim Giro d'Italia oder bei der Tour de France gehören zu einer
Fahrradmannschaft neun Fahrer. Einer ist der Kapitän. Die anderen
fahren für ihn, geben ihm Windschatten, führen ihn an die Spitze,
holen ihn nach einem Defekt am Rad zurück, lassen sich zurück-
fallen, um volle Trinkwasserflaschen zu holen und gehen – oft
genug heute mit unlauteren Mitteln – bis an den Rand ihrer Kräfte.
„Wasserträger" werden sie bei uns genannt und ihre Platzierung
am Ende einer Etappe oder der Rundfahrt ist von untergeordneter
Bedeutung. Hauptsache, der Kapitän ist weit vorn, und siegt er
gar, dann verteilt er die Siegesprämie an die Mannschaft. Diese
Fahrer nennt die niederländische Sprache „Knechte", weil sie sich
für ein Ziel aufreiben, oft vergeblich, aber ohne sie wäre ihr Kapitän
verraten und verkauft, denn wer für sich alleine fahren muss, ist
aufgeschmissen.

„Knecht" nennt der Prophet den von Gott Bevollmächtigten.
Er ist der mit Gottes Geist begabte Erwählte, dessen Fürsorge den
Bedürftigen gilt und der das Recht zu den Völkern hinaustragen
soll. Er wird das geknickte Rohr nicht brechen, den glimmenden
Docht nicht auslöschen, die Müden durch das Wort erquicken.
Seine Herrlichkeit gründet in seiner Demut, seine Macht wirkt aus
seiner Ohnmacht. Unser viertes Gottesknechtslied beschreibt seine
Niedrigkeit und sein Leiden, das durch seinen Auftrag verursacht
wird, und zieht Bilanz mit schonungsloser Offenheit:

Lesung Jes 52,13–53,12

5

Gott setzt den Rahmen. Vor aller Welt ist er es, der die Erhöhung
seines erniedrigten Knechts ausspricht. Mit Gottes Hilfe schauen

wir nach vorne, als könnten wir für einen Augenblick in die Zeit
schauen, die wir Zukunft nennen. „Siehe", ungewöhnlich Neues
verkündigt Gott und offenbart es vor unseren Augen. Aus leidvoller
Tiefe wird er seinen Knecht zu ungeahnter Höhe führen, seine Bedeutung wird für alle Welt sein. Sein Leiden ist nicht seine Privat-
angelegenheit, mit der er alleine fertig werden muss. Das Leiden
gehört zu seinem Auftrag. Aller Welt Augen werden sehen, wie
Gott diese armselige Gestalt über alle Könige und Völker erhebt
und ihr einen Platz in seiner Nähe gibt. So wird es sein. Wer vergibt solch einen Auftrag? Gott hat es so beschlossen. Wie in einem
Vorgriff nimmt Gott schon jetzt vorweg, was sein wird, und wir,
die wir nichts davon gehört haben, werden es merken. Endlich.

Das ist die eine Hälfte des Rahmens, den Gott setzt. Was er hier
vorwegnimmt, bestätigt er im zweiten, dem letzten Teil seines Rahmens. Noch einmal streicht Gott das Besondere heraus. Sein Knecht
macht die Vielen gerecht, führt sie in das rechte Verhältnis zu Gott
zurück. Deshalb hat er sein Leben für die Sünden der Vielen preis-
gegeben, deshalb wird er aus der Isolation geführt und erhält Anteil am Heil Gottes. Das ist seine „Beute" und damit ist der Heils-
plan Gottes zu seinem Ziel gekommen. Gottes Bilanz stimmt.

So gibt Gott allem seinen Zukunftsrahmen, und der umschließt
ein Bild, das buchstäblich von Vergangenheit und Gegenwart gezeichnet ist. Es zeigt uns die Vielen und den Gottesknecht.

6

„Wer kann schon glauben, was uns jetzt kund ward?" Das Unerhörte, das nie Erzählte verdichtet sich in der Erhöhung des Erniedrigten. Gerade sein unermessliches Leiden trägt das Heil für die
Vielen in sich. Es ist das Bild vom Arm Gottes, das uns seine rettende Macht vor Augen stellt, und dann gehen uns Augen und
Ohren auf und unser verfettetes Herz (Jes 6,10) beginnt wieder zu
schlagen. Plötzlich können wir alles im Lichte Gottes sehen und
erkennen in diesem unansehnlichen Menschen den Knecht Gottes. In Bildern bedrückender Deutlichkeit wird sein Leiden und
Leben erkennbar.

Er war wie ein Spross von uns, der wie aus einer Wurzel aus
dürrem Lande wachsen sollte. Ist er das Reis, aus dem Stamme
Isais hervorgegangen, und der Zweig, der aus seiner Wurzel Frucht
bringt (Jes 11,1)? Aber welche Frucht mag schon auf dürrem

Lande wachsen, wo doch die Wurzel ständig vom Vertrocknen bedroht ist? Was auf dürrem Land wächst, steht nicht in Saft und
Kraft, sieht nicht anziehend aus, eher abstoßend, ein Mensch eben,
den man wegen seines Äußeren angafft oder von ihm den Blick
wendet, aber ein solcher Mensch, der nicht blendend aussieht,
blendet auch nicht. Was jedoch bedeutet allein die Erfahrung,
wegen seines Aussehens im wahrsten Sinne nicht angesehen zu
sein?

Auf dürrem Lande wächst vielmals nur Krankes; Krankheiten
und die Kranken werden oft genug gemieden. Aus Abscheu ver-
hüllt man sein Angesicht vor ihnen, gönnt ihnen keinen Blick,
nicht einmal den Blick in ein Angesicht. Für unsere Verachtung
finden wir immer einen Grund. Hat nicht Gott ihn getroffen, geschlagen und gebeugt? Wir erkennen die Frage wieder, die sich in
unserem Leben versteckte und dann auftaucht, wenn wir selbst
vom Leiden betroffen sind: Warum straft Gott uns so? Womit habe
ich das verdient? Ist Gott erst einmal als Verursacher des Leidens
ausgemacht, dann haben wir eine Rechtfertigung für unsere Verachtung und wir ahnen, wie bitter unser Aufschrecken aus unseren
Vorurteilen und Urteilen sein wird.

Wenn es uns erst einmal dämmert, wenn wir neu erkennen,
wenn wir unsere Betroffenheit nicht mehr hinter Floskeln verstecken
können, was werden wir dann tun?

Die neue Erkenntnis der Vielen mündet in ein neues Bekenntnis.
Unsere Krankheiten – er trug sie. Unsere Schmerzen – er schleppte
sie. Unsere Frevel – ihn durchbohrten sie. Unsere Sünden – ihn
zerschlugen sie. Und warum all die Blindheit und Irrwege? Weil
wir wie Schafe sind und jeder sich nur um seinen Weg kümmert.
Wir sind wie eine Herde Individualisten. Jeder will allein seinen
eigenen Traum verwirklichen. Dabei verlieren wir jedes Gefühl der
Zusammengehörigkeit und am Ende unseren Hirten. Aber der
Hirte warf unser aller Sünden auf den einen, seinen Knecht. Er
war der Getroffene. Und wir Betroffenen?

7

Wir sehen einen von Menschen Verachteten, der zum Geachteten
wird, weil er das ihm aufgetragene Leid annimmt, obgleich es das
Leid der Vielen ist. Er tut seinen Mund nicht auf, aber er schluckt
auch nicht alles herunter. Er wirft sein ganzes Vertrauen auf den

Herrn, und der wird für ihn reden. Er nimmt Gottes Willen an
und weiß, dass Gott ihn aufnimmt. Gott ist sein Hirte und wird
ihn scheren, aber er wird ihm nicht das Fell über die Ohren ziehen
selbst dann nicht, als er eines schmachvollen Todes sterben muss,
schändlich bei den Frevlern begraben wurde und nicht bei den
Vätern versammelt. Wenn Gott nicht wäre, wäre sein mühseliger
und beladener Lebenslauf beendet und selbst über den Tod hinaus
wäre seine Verachtung festgeschrieben. Aber unsere Pläne sind
nicht Gottes Plan und seine Gedanken nicht die unseren. Gottes
Knecht wird Licht sehen. Gerade durch ihn gelingt Gottes Plan.
Durch sein Leiden und Sterben wird Heilung und Rettung der
Vielen erst möglich und der Tod ist keine Grenze für seine Gemeinschaft mit Gott. Wie ist das vorstellbar? Das wird uns nicht
gesagt. Nur dies: die Gegenwart gehört dem Tod, das neue Leben
verheißt Gott als zukünftige Gabe.

8

Gott fügt alles. Zugleich aber erwachen in uns Fragen. Wie kann
Gott Leid fügen und dem Schmerz Kummer hinzu? Der Vielen
Schuld muss ja zum Tod führen, besteht doch unsere Sünde nicht
in unmoralischem Verhalten oder im Übertreten von Geboten,
sondern darin, dass wir ungläubig und gottlos sind, buchstäblich
Gott los werden wollen. Gott aber fügt Gerechtigkeit, die zum
Leben führen muss. Jedoch nicht die Vielen müssen die Suppe aus-
löffeln, die sie sich eingebrockt haben. Wie aber kann ein Unschuldiger die Sünden der Vielen auf sich nehmen? Wie kann er, wo er
nicht verantwortlich ist, für fremde Schuld sein Leben als Schuldtilgung hingeben? Er zerbricht doch daran, während die eigentlich
Schuldigen gerettet werden. Und doch tat er es, als Unschuldiger
Gott folgend und freiwillig für die Vielen. In dieser beklemmen-
den Situation erwacht ein befreiendes Moment. Im Geschick des
Gottesknechtes erkennen die Vielen ihr eigenes Schicksal und erkennen die eigene Schuld an. In ihrem Bekenntnis wird alle Sinn-
losigkeit und alles Scheitern abgewendet. Das ist eben der Unterschied, ob wir die Schuldtilgung des Gottesknechtes nachträglich
erkennen und unser Sündenbekenntnis hinzutun, oder ob wir die
Schuldtilgung wir einen Automatismus als notwendig darlegen
und uns die eigene Erkenntnis und das eigene Bekenntnis er-
sparen. Verwunderlich ist es deshalb nicht, dass wir mit bekennen-

dem Herzen im Gottesknecht das Antlitz Jesu uns entgegenstrahlen
sehen und so sein Tod und seine Erhöhung in Gottes Licht heilsam
wird für die Vielen.

9

Wir alle ziehen auf unserem Lebensweg durch ödes Land, erwachen
aus unserer Schriftvergessenheit und murmeln die fremden, oft
unbekannten Worte der Schrift, als seien wir Analphabeten, was
die Sprache der Bibel angeht. Doch dringt oft genug ein heller
Strahl der Erkenntnis in die suchende Seele beim Hören dieser ge-
heimnisvollen Gottesgeschichte, in der wir leben. Wir vermögen
das Geheimnis, dass Gott einem Menschen die Sünden Aller auf-
bürdete, damit alle leben, nicht zu ergründen, nähern uns ihm behutsam an und legen vor dem Hintergrund des Gottesknechtes die
Geschichte des Jesus Christus aus. Da bekommt plötzlich das
Motto der drei Musketiere (A. Dumas) einen völlig anderen und
neuen Sinn: Einer für alle; alle für einen.

Paul Gerhardt (EG 85,4) hat es so zusammengefasst:

> Nun, was du, Herr, erduldet,
> ist alles meine Last;
> ich hab es selbst verschuldet,
> was du getragen hast.
> Schau her, hier steh ich Armer,
> der Zorn verdienet hat.
> Gib mir, o mein Erbarmer,
> den Anblick deiner Gnad.

Ich stimme mit ein in dieses Lied und ziehe fröhlich meine Straße.

Jes 52,13–53,12 – Gottesdienst
Karfreitag VI

PSALM 22
PSALM 88

BITTRUF

> Das geknickte Rohr wird er nicht zerbrechen, und den glim-
> menden Docht wird er nicht auslöschen (Jes 42,3), denn der
> allmächtige Gott erbarmet sich unser.

(oder) BITTRUF

> Wir glauben an den, der unseren Herrn Jesus auferweckt hat
> von den Toten, welcher ist um unserer Sünden willen dahin-
> gegeben und um unserer Rechtfertigung Willen auferweckt
> (Röm 4,24b.25), denn der allmächtige Gott erbarmet sich
> unser.

KOLLEKTENGEBET

> Wie wunderbarlich ist doch diese Strafe!
> Der gute Hirte leidet für die Schafe,
> die Schuld bezahlt der Herre, der Gerechte,
> für seine Knechte.
>
> Ich kann's mit meinen Sinnen nicht erreichen,
> womit doch dein Erbarmung zu vergleichen;
> wie kann ich dir denn deine Liebestaten
> im Werk erstatten? Amen.
> *(Johann Heermann, EG 81,4.8)*

LESUNGEN

> Joh 19,16–30
> 2Kor 5,19–21

GEBET

> Allmächtiger Gott, ich schaue auf das Kreuz, das Schandmal,
> und erblicke den sterbenden Gottessohn. Ich suche nach
> dem roten Faden, der das alles verbindet, das Leid und den
> Schmerz, die Verachtung und Missachtung, und stehe doch

ratlos da. Wie das alles mit deinem Willen zusammengeht, o Gott, das ist mir schwere Last und unlösbares Rätsel zugleich. So bleibt mir nichts anderes, als mein Haupt zu senken und anbetend stehen zu bleiben.

Allmächtiger Gott, ich höre die Worte von deinem Gottesknecht, der unser aller Schuld auf sich nimmt, damit wir Schuldigen gerettet werden, und spüre den Weg von ihm zu unserem Herrn Jesus. Wie das zusammengeht, kann ich in seiner Tiefe kaum ermessen. Ich ahne nur, dass es um unser aller Leben und um deinen Weg mit uns geht. So bleibt mir nichts anderes, als mein Haupt zu senken und anbetend stehen zu bleiben.

Allmächtiger Gott, du hast einen Plan mit uns und einen Lebensplan für uns. Du willst, dass wir alle gerettet werden. Das Kreuz deines Sohnes ist wohl die Brücke von unserer Schuld zu deiner Vergebung. Was er getragen hat, ist meine Last. Was er für mich tut, hat seinen Grund in deiner Gnade. So bleibt mir nichts anderes, als mein Haupt zu senken und anbetend stehen zu bleiben.

LIEDER

Ein Lämmlein geht und trägt die Schuld (EG 83)
Herzliebster Jesu, was hast du verbrochen (EG 81)
O Welt, sieh hier dein Leben (EG 84)
O Haupt voll Blut und Wunden (EG 85)

Mt 17, 1–9 (13):
Die Verklärung Jesu

Dietrich-Alex Koch

1. Textbezeichnung

Der Text Mt 17,1–13 wird (ebenso wie Mk 9,2–13 und Lk 9,28–36) traditionell als „Verklärung Jesu" bezeichnet. Grundlage ist die Wiedergabe von *metamorphóo* aus Mt 17,2 und Mk 9,2 (wörtlich: „verwandeln") mit „verklären" (so Luther), womit der Akzent auf die Herrlichkeit des verwandelten Jesus gelegt wird. Der Begriff „Verklärung" passt jedoch besser zu Lk 9,28–36, wo einerseits die Verwendung von *metamorphóo* vermieden wird, andererseits jedoch zweimal von der *dóxa*, der „Herrlichkeit" (sowohl von Mose und Elia als auch von Jesus) die Rede ist (9,31.32). Die „Zürcher Bibel 2007" übersetzt in Mt 17,2 und Mk 9,2 jeweils zutreffend mit „verwandeln".

2. Textabgrenzung

Zur „Verklärungs-/Verwandlungsgeschichte" von Mt 17,1–8 gehört (wie in der Vorlage Mk 9,2–13) das Gespräch beim Abstieg vom Berg als notwendiger Schlussteil hinzu. In diesem Gespräch werden wichtige inhaltliche Aspekte thematisiert, die für das Gesamtverständnis unverzichtbar sind. Dieses Gespräch umfasst allerdings nicht nur Mt 17,9, sondern reicht bis 17,13.

3. Traditions- und Motivgeschichichte

Die Verklärungs-/Verwandlungsgeschichte ist eine Epiphanieerzählung:[1] Himmlische Realität, die irdischem Verstehen und Be-

---

1 Vgl. D. Zeller, Bedeutung und religionsgeschichtlicher Hintergrund der Verwandlung Jesu (Mk 9:2–8), in: B. Chilton (Hg.), Authenticitating the Activities of Jesus, NTTS 28.2, Leiden 1999, 303–321.

greifen entzogen ist, wird einem auserwählten Kreis von Offenbarungsempfängern mitgeteilt.

Für diese Erzählung wird häufig die Erzählung von der Gottesbegegnung des Mose auf dem Berg Sinai nach Ex 24 und 34 als traditionsgeschichtliche Grundlage angenommen. Bei Einzelmotiven gibt es in der Tat Übereinstimmungen. So kann man für die Verwandlung des Angesichts Jesu (Mt 17,2 – aber noch nicht in Mk 9,2f!) auf das Glänzen der Haut des Mose verweisen (Ex 34,29f – dort jedoch *nach* der Gottesbegegnung),[2] hinzu kommt die Gottesstimme aus der Wolke (Ex 24,16); doch ist die Erzählung insgesamt eigenständig gestaltet.[3] Das gilt vor allem für drei zentrale Erzählelemente, die keine Entsprechung in Ex 24 bzw. 34 haben:

a) die Gemeinschaft Jesu mit den himmlischen Personen Mose und Elia;

b) die unterschiedliche Ausrichtung der Gottesstimme: Nicht Jesus, sondern die Jünger werden angeredet, d.h. sie sind die Offenbarungsempfänger;

c) die aktive Rolle der Jünger, die zunächst unsachgemäß reagieren, sich aber dann (so jedenfalls bei Mt) als lernfähige Gesprächspartner Jesu erweisen. Dagegen sind die drei Begleiter des Mose in Ex 24,1.9 beim Offenbarungsvorgang reine Statisten.

Die Jünger stehen stellvertretend für die Leser des MtEv, denen deren Erkenntnis durch den Text vermittelt wird. Was den auserwählten Offenbarungsempfängern gilt, gilt auch ihnen: „den sollt ihr hören!" (V5).

Die Erzählung ist Ausdruck des nachösterlichen Gottessohnbekenntnisses und setzt dieses voraus. Sie will zeigen: Der jetzt zur Rechten Gottes erhöhte Christus, dem „alle Gewalt im Himmel und auf Erden" gegeben ist (28,18), war auch schon in seinem irdischen Wirken Sohn Gottes im vollen Sinne, und das impliziert auch seine reale (wenn auch verborgene) Zugehörigkeit zur himmlischen Welt. Dabei zeigt die Erzählung beides: Dass diese Zugehö-

---

2   Ganz von der Mosetypologie her erklären den Text W.D. Davies/D.C. Allison, The Gospel according to Saint Matthew, ICC, vol. II, Edinburgh 1998, 684–709.

3   Mit U. Luz, Das Evangelium nach Matthäus. 2.Teilband. Mt 8–17, EKK I/2, Zürich/Neukirchen-Vluyn 1990, 505–518; vgl. auch Zeller ebd.

rigkeit schon während der irdischen Existenz Jesu bestand – und warum man dies erst nach Ostern wissen kann (V9). Zugleich ist zu berücksichtigen, dass schon in der Mt vorgegebene Erzählung (also Mk 9,2–13, aber auch schon in dessen Tradition) die „Metamorphose" Jesu und die damit gegebene Darstellung seiner Zugehörigkeit zur himmlischen Welt nicht Selbstzweck ist, sondern ihr Ziel in der an die Jünger gerichteten Gottesstimme findet.

Aufgrund der eigenständigen Zielsetzung dieser Erzählung handelt es sich auch nicht um eine vorverlegte Ostererzählung,[4] auch wenn natürlich die Herrlichkeit des Verwandelten auf die Herrlichkeit des Himmlischen verweist.

4. Auslegung

Der Aufbau des Textes ist durchaus aufschlussreich, da aus ihm inhaltliche Schwerpunkte erkennbar werden. Der Text besteht aus zwei Hauptteilen, einem erzählenden Teil (V1–8) und einem Gesprächsteil (V9–13).

A: Die Erzählung: Die Metamorphose Jesu und die Proklamation seiner Gottessohnschaft

V1:   Erzählrahmen

V2f: Die Verwandlung Jesu, der mit Mose und Elia spricht

V4:   Die Reaktion der Jünger (verfehlter Vorschlag: Hütten bauen)

V5:   Die Proklamation Jesu als Gottessohn durch die Himmelsstimme

V6f: Die Reaktion der Jünger (Furcht) und das Eingreifen Jesu

V8:   Das Ende des Geschehens auf dem Berg

---

4   So vielfach in der älteren Exegese, u.a. J. Wellhausen, Das Evangelium Marci, Berlin [2]1909, 71; R. Bultmann, Die Geschichte der synoptischen Tradition, FRLANT 29, Göttingen 1931, 278–281; G. Theißen, Urchristliche Wundererzählungen, StNT 8, Gütersloh [7]1998, 104f rechnet mit einer ursprünglichen Himmelfahrtserzählung, da eine Rückverwandlung Jesu fehlt; doch zeigt die Wolke in Mt 17,5/Mk 9,7 hinreichend deutlich, dass jetzt der Einblick in die himmlische Welt, zu der auch die verwandelte Gestalt Jesu gehört, beendet ist.

B: Der Gesprächsteil
V9:   Einleitung und Schweigebefehl
V10:   Jüngerfrage zum Kommen Elias
V11f: Antwort Jesu – zum Kommen Elias und zum Leiden des
         Menschensohns
V13:   Kommentar des Evangelisten

V1: Der Erzählbeginn: Durch die Bemerkung „nach sechs Tagen"
(für die es weder bei Mt noch bei Mk eine Entsprechung gibt)
wird das folgende Geschehen von allen bisherigen Ereignissen weit
abgerückt. Der „hohe Berg" und die Auswahl der drei Jünger (und
zwar „allein") dienen ebenfalls der Vorbereitung der Epiphanie
Jesu und seiner Begegnung mit den Vertretern der himmlischen
Welt.

V2f: Die Epiphanie Jesu: Die Verwandlung Jesu (vor den Augen
seiner Jünger!) zeigt seine Zugehörigkeit zur himmlischen Welt.
Die Metamorphose betrifft beides, Jesu Angesicht, das „wie die
Sonne" leuchtet, und die Kleidung, die „weiß wie das Licht" erstrahlt. Beides verdeutlicht, dass hier in der Tat eine Verwandlung,
und zwar eine Angleichung der Gestalt Jesu an die Erscheinungs-
weise eines Himmelswesens erfolgt, was ja auch durch die Nen-
nung der Himmelskörper Sonne und Mond unterstrichen wird.
Zu vergleichen ist die Erscheinung des Engels vor den Frauen am
Ostermorgen: Er erstrahlt „wie ein Blitz" und trägt ein Gewand
„weiß wie Schnee" (Mt 28,2f).

Das Erscheinen der himmlischen Gestalten Mose und Elia
zeigt, dass sich der Himmel auf die Erde, jedenfalls auf den „hohen
Berg" herabsenkt. Jesu Unterredung mit Mose und Elia interessiert
nicht wegen ihres möglichen Inhalts, der ja auch gar nicht erwähnt
wird, sondern nur die Tatsache selbst ist wichtig: Sie zeigt, dass
Jesus mit den beiden himmlischen Gestalten auf gleicher Ebene
verkehren kann, also schon jetzt Zugang zur himmlischen Welt hat
und zu dieser gehört.

Warum hier Mose und Elia erscheinen (in Mk 9,4 übrigens in
umgekehrter Reihenfolge), ist viel umrätselt. Allerdings: die Personen, die aufgrund ihrer Entrückung als Bewohner der Himmelswelt gelten können, sind nicht sehr zahlreich (in Frage käme noch
Henoch, vgl. Gen 5,24 und Hebr 11,5). Die Entrückung Elias ist
fester Bestandteil des Eliabildes (2.Kön 2,1–18), aber auch für Mose
sind für das 1.Jh. n. Chr Himmelfahrtstraditionen anzunehmen

(vgl. die fragmentarische erhaltene Schrift „Die Himmelfahrt des Mose"). Überdies kann man in den beiden Personen die Verkörperung von „Gesetz und Propheten" sehen; jedenfalls steht Mose nicht zufällig als Empfänger der Sinaioffenbarung am Anfang der Schrift (und gilt überdies als Verfasser des Pentateuch insgesamt), und die Erwartung der Wiederkunft Elias steht in Mal 3, d.h. am Ende des zweiten großen Teils der Schrift, nämlich der „Propheten". Damit klingt, zumindest indirekt, auch das gerade für das MtEv wichtige Thema der Erfüllung von „Gesetz und Propheten" in der Sendung Jesu an. Die eschatologische Rolle Elias wird dann im Gespräch beim Abstieg thematisiert.

Die Reaktion des Petrus, für Mose, Elia und Jesus je eine Hütte bauen zu wollen, ist unangemessen, auch wenn Mt den ausdrücklichen Tadel aus Mk 9,6 („er wusste nämlich nicht, was er antwortete, denn sie waren in großen Schrecken geraten") streicht und außerdem ein frommes „wenn du willst" einfügt. Dass die Idee des Petrus unangemessen ist, geht daraus hervor, dass die Erzählung einfach darüber hinweggeht.

Der Sinn des Vorschlags muss erschlossen werden. Er zielt darauf ab, der himmlischen Szene Dauer zu verleihen. Damit ist sie missverstanden. Die Epiphanie will dem Leser die Tiefendimension des Christusgeschehens vermitteln – aber nicht den Ablauf des Offenbarungsweges Jesu zum Stillstand bringen. Dieser Weg führt vielmehr, wie das Gespräch beim Abstieg zeigt, zum Kreuz.

Zu Beginn von V5 folgt ein Szenenwechsel: Der Vorhang, der die irdische von der himmlischen Welt trennt und der sich in V2-4 für einen kurzen Moment geöffnet hat, wird wieder zugezogen: Die Wolke entzieht die himmlischen Gestalten den Blicken der Jünger. Dennoch folgt erst jetzt der Höhepunkt der Erzählung. Nachdem sie die Zugehörigkeit Jesu zur himmlischen Welt wahrgenommen haben, hören sie die ihnen geltende Himmelsstimme, die eine doppelte Aussage enthält: a) die Proklamation Jesu als Gottessohn, und b) die autoritative Aufforderung: „den sollt ihr hören".

Die Gottessohnproklamation steht in enger Beziehung zu Mt 3,17, der Proklamation Jesu im Anschluss an seine Taufe durch Johannes. Auch dort erfolgt sie durch eine Himmelsstimme, auch dort richtet sie sich nicht an Jesus (so in der Vorlage Mk 1,11, beibehalten bei Lk 3,22), sondern ist eine Erklärung *über* ihn, jeweils mit (jedenfalls bei Mt) identischem Wortlaut: „Dieser ist mein geliebter Sohn, an dem ich Wohlgefallen habe", in Mt 17,6 allerdings

ergänzt durch die Aufforderung an die Jünger: „den sollt ihr
hören". Die Himmelsstimme in der Verwandlungsszene ist also
Aufnahme und Weiterführung der Gottessohnproklamation nach
der Taufe – jetzt aber vor dem Forum der (ausgewählten) Jünger,
für die daher auch die Konsequenz aus der Stellung Jesu als Gottessohn gezogen wird.

Die Schau des himmlisch verwandelten Jesus, die Darstellung
seiner Teilhabe an der himmlischen Welt und seine Proklamation
zum Gottessohn legitimieren Jesu Anspruch, ‚gehört‘ zu werden;
d.h. die Lehre Jesu, die im MtEv ab Kap. 5 entfaltet wird, ist ver-
bindliche Weisung für die Jünger und damit für die Leser des
MtEv.[5]

Dass die Proklamation Jesu zum Gottessohn mit der anschlie-
ßenden Weisung zum Hören den Zielpunkt der Erzählung darstellt, wird dem antiken Leser durch die ausführliche Schilderung
der Reaktion der Jünger in V6f unmissverständlich klar gemacht.
Auf die Himmelsstimme hin erfasst sie der Schrecken, der an sich
bereits bei der Verwandlung Jesu und der Epiphanie der himmlischen Welt zu erwarten gewesen wäre (so ja auch in Mk 9,6). Das
Erschrecken ist notwendige Folge des Einbruchs der himmlischen
Sphäre in die Welt des Menschen. Die göttliche Macht wird als
Bedrohung erfahren, wenn sie so nahe an den Menschen heran-
rückt, so wie es bei Homer, Ilias XX 131 heißt: „Gefährlich sind
die Götter, wenn leibhaftig sie erscheinen". Bibellesern und Gottesdienstbesuchern sind eher die Hirten auf dem Felde vertraut,
von denen beim Erscheinen des ‚Engels des Herrn‘ gesagt wird:
„und sie fürchteten sich sehr" (Lk 2,9). Die Reaktion der Jünger in
Mt 17,6 geht noch darüber hinaus: Sie fallen zu Boden („auf das
Angesicht"), so wie der Apokalyptiker Daniel beim Offenbarungs-
empfang (Dan 8,18; 10,9.15). Wie bei den Hirten auf dem Felde
erfordert der Schrecken angesichts der Epiphanie des Göttlichen
die tröstende Stärkung der Erschrockenen – in der Weihnachts-
geschichte durch den Engel, hier durch Jesus, der die Jünger wie
Kranke anrührt (vgl. Mt 8,3.15; 20,34) und sie auffordert „Steht
auf und fürchtet euch nicht!" Die gesamte Darstellung der Reak-

---

5   Nicht auszuschließen ist, dass zugleich eine Reminiszenz an Dtn 18,15
    vorliegt, die Ankündigung eines ‚Propheten wie Mose‘, vom dem es eben-
    falls heißt: „den sollt ihr hören". Doch wird Dtn 18,15 sonst im MtEv
    nicht herangezogen (anders Apg 3,22).

tion der Jünger auf die Himmelsstimme und ihre Wiederaufrichtung durch Jesus ist eine freie Ergänzung der Markus-Vorlage durch Matthäus, zeigt also die Bedeutung, die der Evangelist der Gottessohnproklamation und der Aufforderung, ihn zu ‚hören‘, beimisst.

V8 formuliert ausdrücklich das Ende der himmlischen Szene: Die Jünger, die ihre Augen wieder ‚erheben‘, sehen nur noch Jesus „allein". Damit ist der Einblick in die himmlische Welt endgültig beendet, zugleich richtet sich der Blick wieder auf das Leben jenseits der Epiphanie (bildlich gesprochen: Es folgt der Abstieg in die Ebene).

Mit V9 beginnt eine Gesprächsszene zwischen Jesus und den Jüngern, die gegenüber dem recht undurchsichtigen Verlauf in Mk 9,9–13 wesentlich gestrafft und klarer gestaltet ist. Die Szenerie des Gesprächs ist der Abstieg vom Berg. Thematisch hat es drei Schwerpunkte, von denen sich nur der erste auf die Epiphanie selbst bezieht:

1. Der Schweigebefehl (V9)
2. Das Kommen Elias als Vorläufer (V10–12a)
3. Das Leiden des Menschensohns (V12b)

Ein Kommentar des Evangelisten (V13) schließt den Gesprächsgang ab.

In V9 erfolgt ein Schweigebefehl an die Jünger. Dieser bezieht sich ausdrücklich auf das *hórama* („Gesicht"), also auf denjenigen Teil des Geschehens auf dem Berg, der sichtbar war, d.h. die Verwandlung Jesu und seine Gemeinschaft mit Mose und Elia als Bewohnern der Himmelswelt. Die in der Epiphanie sichtbar gewordene Herrlichkeit Jesu, die verschwiegen werden soll, ist ja ein Vorausverweis auf die Herrlichkeit des Auferweckten und Erhöhten und bleibt auf diese bezogen. Dass die Jünger das Christus- bzw. Gottessohnbekenntnis für sich bewahren sollen, war ihnen schon in 16,20 befohlen worden.

Es folgt in V10–12 die Diskussion über das Kommen des Propheten Elia und das Geschick des Menschensohns.

Die Erwartung eines Kommens Elias vor dem „Tag Jahves" gehört zur spätalttestamentlichen Prophetie. Sie begegnet in Mal 3 und in Jesus Sirach 48,10. Nach Mal 3 ist er der Vorläufer, der unmittelbar vor dem Kommen Gottes erscheinen wird; seine Aufgabe besteht darin, die Generationen wieder miteinander zu versöhnen

(Mal 3,23f), damit das Kommen Gottes nicht zum Gericht wird. Nach Sir 48,10 geht die Aufgabe Elias noch weiter: Er soll „die Stämme Israels wieder aufrichten". Beide Stellen stehen im Hintergrund der Frage der Jünger in V10b und der Antwort Jesu in V11–12a.

Die Frage der Jünger zielt auf das Verhältnis zwischen der Eliaerwartung und der Ankündigung des Kommens des Menschensohns (vgl. Mt 16,28). Dahinter steht ein reales Problem der jungen judenchristlichen Gemeinden: Sie standen vor der Aufgabe, ihre neuen eschatologischen Einsichten (hier: über das Kommen des Menschensohns) mit den bisherigen Zukunftskonzeptionen (hier: der Eliaerwartung) in Einklang zu bringen. Die Sachfrage, die hinter dem Einwand steht, der hier den Schriftgelehrten zugeordnet wird, kann unterschiedliche Nuancen gehabt haben:

a) Kann die Ankündigung des Kommens des Menschensohns (vgl. Mt 16,28) überhaupt zutreffen, wenn nach Mal 3 usw. nicht der Menschensohn, sondern Elia unmittelbar vor dem Ende kommt?

Oder b) Kann die Ankündigung des Kommens des Menschensohns zutreffen, wenn Elia noch gar nicht gekommen ist? Die Formulierung von V10 („zuerst") spricht dafür, den hier vorausgesetzten Einwand in diesem Sinne zu verstehen.

Die Antwort erfolgt in zwei Schritten: a) Die Eliaerwartung wird grundsätzlich bestätigt; Jesus wiederholt deren Kernaussagen (V11), ohne dass diese jedoch irgendwie inhaltlich gefüllt werden. Worin dies „er wird alles wiederherstellen" bestanden haben könnte, wenn denn, wie sich gleich zeigen wird, das Kommen Elias bereits erfolgt ist, wird nicht entfaltet.

b) In V12a wird konstatiert, dass das Kommen Elias bereits erfolgt ist, dass er jedoch nicht erkannt wurde und „sie mit ihm gemacht haben, was sie wollten". Gemeint ist Johannes der Täufer. Die Identifikation des Täufers als wiedergekommener Elia ist schon in Mt 11,14 formuliert worden. Hier ist sie vorausgesetzt, und in V13 wird sie nochmals rekapituliert.

Damit ist das wichtige Thema des Vorläufers angesprochen (vgl. Mt 3,1–12; 11,2–15), dem hier ein neuer Aspekt hinzugefügt wird: Der Täufer ist auch Vorläufer des Menschensohns Jesu im Leiden. Im Geschick des Täufers ist das Geschick Jesu vorabgebildet (V12b).

Durch dieses Gespräch wird das Thema der Gottessohnschaft Jesu um den Gesichtspunkt des Leidens ergänzt. Die himmlische Herrlichkeit des Verwandelten, die den ausgewählten Offenbarungsempfängern auf dem „hohen Berg" sichtbar wurde, ist unvollständig, wenn sie nicht auf den bezogen wird, der ins Leiden geht. Hier liegt also die gleiche Interpretation der Gottessohnschaft Jesu vor wie in der vorangegangenen Perikope Mt 16,13–23 mit der Abfolge von Petrusbekenntnis und Leidensankündigung. Diese Zuordnung von Christologie und Leiden ist zwar schon aus dem MkEv vorgegeben, aber Mt hat sie aufgenommen und nicht nur beibehalten, sondern durch die klare Parallelisierung des Geschicks des Menschensohns mit dem des Täufers noch zusätzlich akzentuiert.

Dabei wird in Mt 17,1–13 die Hoheitsbezeichnung „Gottessohn" verwendet, die im MtEv in umfassender Weise das Wesen der Person Jesu zum Ausdruck bringt, und zwar a) seine himmlische Würde (so 17,5), die in der Herkunft vom Vater begründet ist, und b) seine Aufgabe, die Zuwendung Gottes zu den Menschen zu bringen, programmatisch formuliert in der Namensgebung „Emmanuel" (ausdrücklich übersetzt mit „Gott [ist] mit euch"; Mt 1,23). Die Bezeichnung „Menschensohn" wird bei Mt (durchaus im Anschluss an das MkEv) dagegen für den Weg Jesu verwendet und zeigt die Identität des Irdischen (Mt 8,20 u.a.), des Leidenden (17,12.22f) und des Wiederkommenden (16,28; 26,64).

V13 hat nicht nur die Aufgabe, dem Leser die Identifikation des Täufers als Elia ins Gedächtnis zu rufen. Durch die Feststellung: „Da verstanden die Jünger, …" korrigiert Mt zugleich das für ihn nicht akzeptable Bild der Jünger im MkEv. Für Mk ist vollgültiges Bekenntnis erst unter dem Kreuz möglich (Mk 15,39), und vor Kreuz und Auferstehung ist ein angemessenes Verständnis der Person Jesu ausgeschlossen. Das zeigt Mk exemplarisch an den Jüngern: Sie reagieren auf Jesu Wirken mit Unverständnis (6,52; 8,21), und Unglauben (4,40). All diese Stellen korrigiert Mt: Statt vom Unglauben spricht er vom Kleinglauben der Jünger (Mt 8,26; 14,31 – mit anschließendem Bekenntnis zum Gottessohn 14,33) und statt des Unverständnisses stellt Mt ausdrücklich fest, dass die Jünger ‚verstanden' haben (neben 17,13 bereits in 16,12).

5. Die Perikope im Rahmen des Matthäusevangeliums

Die Perikope ist in vielfacher Weise mit dem gesamten MtEv vernetzt. Im direkten Kontext dient sie zunächst als himmlische Bestätigung des Petrusbekenntnisses von Mt 16,16, das ja auch sofort durch eine Leidesankündigung ergänzt wird (16,21–23) und das erst von Mt zum Gottessohnbekenntnis ausgebaut worden ist (in Mk 8,29 nur als *christós*-Bekenntnis formuliert).

Am Beginn des Textes ist es vor allem der „hohe Berg", der die Aufmerksamkeit auf sich zieht und der auf einen anderen „hohen Berg" zurückverweist, den Berg der Versuchung (Mt 4,8), auf dem der Versucher Jesus alle Reiche der Erde zeigt und die Weltherrschaft anbietet – um den Preis der eigenen Anbetung. Die Ablehnung erweist Jesus als den Gehorsamen und Demütigen, der für sich keine Macht beansprucht. Gerade als der Demütige ist er der, der auf dem Berg der Verklärung der Teilhabe an der himmlischen Welt gewürdigt wird.

Bei Mt sind noch zwei weitere ‚Berge' in den Blick zu nehmen: Der Berg von Mt 5–7, also der Ort der programmatischen Lehre Jesu, und der Berg von Mt 28,16–20. Gerade in Mt 28,16–20 kommt Mt 17,1–13 (aber auch Mt 5–7) zum Ziel: Der Vorblick auf die Herrlichkeit des Erhöhten in 17,2–4 findet jetzt, nach Auferstehung und Erhöhung, sein endgültige Verwirklichung darin, dass ihm „alle Macht im Himmel und auf Erden" gegeben ist. Der Befehl der Himmelsstimme aus 17,5 („den sollt ihr hören") wird von ihm selber aufgenommen in der Anweisung: „Macht zu Jüngern alle Völker … und lehret sie halten alles, was ich euch befohlen habe". Damit ist inhaltlich auf die gesamte Lehre Jesu im MtEv zurückverwiesen, die zugleich – im Sinne des Mt – die vollgültige Interpretation von „Gesetz und Propheten" (s.o. zu 17,3) darstellt.

Predigt und Gottesdienst

Hans-Helmar Auel

Mt 17,1–9 (10–13) – Predigt

Sechs Tage sind vorüber. Sechs Tage sind die Zeit des Sammelns (2Mose 16,26), und in dieser Zeit sammelt sich manches an. Eben noch spricht Jesus von seinem Leidensweg, dass er getötet werde und am dritten Tage auferstehe. Eben noch nennt er Petrus, der nicht will, dass ihm dies widerfährt und ihn deshalb anfährt, einen Satan. Eben noch malt er den Weg der Nachfolge ohne Schnörkel und Beschönigungen. Er rahmt das Ganze mit der Hoffnung machenden und zugleich ängstigenden Aussicht, dass der Menschensohn in der Herrlichkeit des Vaters kommen werde zum Gericht. Eben noch. Es hat sich viel angesammelt in sechs Tagen. Leiden, Tod und Auferweckung, die Herrlichkeit Gottes und das Gericht, wie mag das alles zusammen gehen? Oft genug, wenn so vieles auf uns einstürmt, reagieren wir wie Petrus mit Abwehrreflexen, wollen nicht wahrhaben, was da ist, wollen nicht annehmen, was da sein muss. Dabei verweist und dieses kleine Wörtchen *muss* auf Gott und an Gott.

Sechs Tage sind die Zeit des Sammelns. Dann brauchen wir Zeit zum Innehalten, damit wir uns selbst wieder sammeln können, um aufzuräumen, was uns den Raum zum Verstehen und Leben so eng macht. Nach sechs Tagen ist es so weit. Wir erinnern uns, dass Gott am siebenten Tag ruhte und uns diesen Tag zur Ruhe gab, damit wir alles, was sich in den sechs Tagen angesammelt hat, vor ihn bringen, vor ihm ausbreiten, ihm buchstäblich vor die Füße werfen. Und Gott wird nicht darauf herum trampeln und mit Füßen treten, was uns bewegt.

Nach sechs Tagen, am siebten Tag, machen wir uns auf mit Petrus, Jakobus und Johannes und lassen uns von Jesus vor Gott führen. Ihm folgen wir auf einen hohen Berg. Von der Beschwerlichkeit des Aufstiegs wird uns nichts erzählt, doch ist dieser schrittweise Aufstieg zum Gipfel eine Zeit, in der wir langsam miteinander gehen und dabei in uns gehen können, und vielleicht schauen wir unterwegs zum Gipfel und murmeln leise die Worte

des Psalms (Ps 121,1.2): Ich hebe meine Augen auf zu den Bergen.
Woher kommt mir Hilfe? Meine Hilfe kommt vom Herrn, der
Himmel und Erde gemacht hat.

Immer wieder ist es ein Berg, auf den uns Jesus mitnimmt, hin-
weg aus den Niederungen des Lebens, hinauf, dem Himmel ein
Stückchen näher. Auf dem Berg begegnet er dem Versucher, auf
dem Berg predigt er den Menschen das Himmelreich, auf dem
Berg gibt er den Taufbefehl. Und jetzt geht es wieder hinauf auf
den Berg. Drei Jünger werden von ihm geführt. Dort oben erleben
sie, dass Jesus zur himmlischen Welt gehört. Wie soll man mit
Worten ausdrücken, was so eindrücklich ist? Wie beschreiben wir
unbeschreibliches?

Verwandelt wird Jesus, vor ihnen verklärt. Sein Angesicht leuchtet
wir die Sonne, seine Kleider werden weiß wie das Licht. Es ist, als
würde dieser Menschensohn zu einem Himmelswesen, und aus
dem Himmel treten Mose und Elia zu ihm und reden mit ihm.
Für einen Augenblick ist es, als bliebe die Zeit stehen. In der Gegenwart Gottes begegnen sich der Augenblick, die Zukunft und
die Vergangenheit. Unsere Gedanken gehen zurück und erinnern
sich. Weißt du noch, Mose, wie du auf den Berg Sinai gingst und
eine Wolke den Berg bedeckte sechs Tage lang und mit ihr die
Herrlichkeit Gottes alles umgab? Dann am siebten Tag erging der
Ruf des Herrn an dich aus der Wolke, und als du vom Berg herab
kamst, glänzte die Haut deines Angesichts, weil du mit Gott geredet hattest (2Mose 34,19).

Aus dem ‚Antlitz' Gottes leuchtet uns im wahrsten Sinne entgegen, was uns und unserem Leben Glanz verleiht. Es ist ‚die Wie-
derkehr des Glanzes in der Welt' (Chr. Gestrich), die das Dunkel
erhellt. Im göttlichen Licht erstrahlt die Wahrheit des Lebens, an
die wir uns immer wieder durch alle Dunkelheiten herantasten
müssen. Und wenn uns alles klar ist, dann wissen wir, dass Gott
uns verwandelt und verklärt hat.

Neben Mose, der die Gesetzestafeln mit vom Berg Gottes brachte,
tritt der Prophet Elia. Weißt du noch, Elia, wie du einst (1Kön 19)
aus großer Furcht vor der Königin Isebel um dein Leben liefst? Am
liebsten wäre ich tot, waren deine alles beherrschenden Gedanken.
Auf dem Gottesberg Horeb ging der Herr an dir vorüber nicht im
Sturm, nicht im Erdbeben, nicht im Feuer, aber in ‚der Stille eines
verschwebenden Schweigens' (M. Buber). Er schickte dich auf den
Weg zurück in dein bedrohtes Leben.

Da stehen sie nun, drei himmlische Wesen, und reden miteinander, der eine verstorben, aber unbekannt sein Grab, der andere
in den Himmel entrückt wie weiland Henoch, der dritte hat noch
vor sich Leiden, Tod und Auferstehung. Doch was sie sich zu sagen
haben, bleibt ungenannt und ungehört. Was wir im Himmel dereinst zu besprechen haben, bleibt dem Himmel vorbehalten und
eignet sich nicht für die Marktplätze dieser Welt. Darüber hüllt
sich die Stille des verschwebenden Schweigens.

Wenn sich der Himmel der Erde öffnet, wir für einen Augenblick sehen können, was wir so ersehnen und was uns doch oft
genug verschlossen ist, wenn dieser Einblick uns einen Augenblick
vergönnt wird, dann möchten wir am liebsten die Zeit anhalten,
der himmlischen Szene Dauer verleihen und zum Augenblick
sagen: Verweile doch! Du bist so schön (J.W. Goethe). Wer vermag
es dem Petrus zu verdenken, dass er sich hier am liebsten einen
festen Wohnsitz einrichten würde und nie mehr weggehen müsste,
auf Dauer eine Bleibe einrichten möchte, wo er doch nicht bleiben
kann. Doch wohnt auch diesem Gedanken etwas diabolisches
inne. Der Weg führt weiter. Es gibt keinen Stillstand auf dem Of-
fenbarungsweg, nur ein kurzes Innehalten zum Kraft tanken für
den Weg durchs Leiden an das Kreuz. Auf diesem Weg werden
Menschen in das Angesicht, das jetzt noch leuchtet wie die Sonne,
spucken und es blutig schlagen. Morgen wird das sein, und die
Jünger wissen es noch nicht. Nur er, der himmlisch Verwandelte,
kennt seinen irdischen Weg.

Da fällt der Vorhang über der himmlischen Szene. Eine Wolke
trübt den Blick, sichtbar und doch nicht greifbar. Aus der Wolke
richtet sich eine Stimme an die Jünger und verweist sie an Jesus:
Dies ist mein lieber Sohn, an dem ich Wohlgefallen habe. Es sind
die Worte, welche die Himmelsstimme schon zu Jesu Taufe sagte.
Aber jetzt fügt sie hinzu: Den sollt ihr hören.

Einen Fingerzeig gibt Gott uns suchenden Menschen. Wenn ihr
mich sucht, dann wendet euch an den Gottessohn. Wenn ihr mich
hören wollt, dann hört ihn. In ihm wende ich mich euch ganz und
gar zu. An ihm habt Genüge. Ganz und gar. Zwei Mal spricht Gott
im Matthäusevangelium zu uns. Zwei Mal verweist er auf Jesus,
den Gottessohn. Er ist Stimme Gottes. Er ist das Gotteswort.

Was bleibt uns Staunenden da noch? Die Jünger fielen auf ihr
Angesicht und erschraken sehr. So ist das immer, wenn der Himmel auf der Erde einbricht. Wir erschrecken in der Nähe Gottes zu

Tode und brauchen die tröstende Stärkung. Manchmal ist es ein
Engel Gottes, der die schreckenwendenden Worte spricht: Fürch-
tet euch nicht. Euer Angesicht braucht ihr nicht zu verbergen.
Richtet euch auf. Diesmal sagt es der Gottessohn selbst.

Als die Jünger ihre Augen aufheben, sind sie mit Jesus allein.
Wie damit umgehen, was da geschehen ist? Wie nehmen wir auf,
wenn sich der Himmel der Erde zuwendet? Wie geben wir weiter,
dass sich Gott in seinem Sohn uns zugewendet hat? Unser Blick
wird wieder auf den Lebensweg gerichtet. Es ist der Weg zurück in
das Leben, der Abstieg in die Niederungen des Alltags. Aber wir
nehmen mit, dass Gott nicht nur ein Gott der Berge ist, sondern
auch ein Gott der Täler (1 Kön 20,28). Dieses Tal liegt jetzt vor
ihnen. Ein jeder wird es auf seine Weise durchwandern. Vielleicht
murmeln wir dabei: Und ob ich schon wanderte im finsteren Tal,
fürchte ich kein Unglück, denn du bist bei mir, dein Stecken und
Stab trösten mich (Ps 23,4). Gott bewahrt nicht vor finstern Tälern,
er bewahrt aber in finstern Tälern.

Zu einem Ziel sind sie alle unterwegs. Das ist die Auferstehung
des Menschensohnes von den Toten. Bis dahin müssen sie von
dem Gesicht, der Erscheinung, schweigen, von der Verwandlung
Jesu und seiner Gemeinschaft mit Mose und Elia. Erst dann wird
sich erfüllen, was sie jetzt schon schauen durften. Die Herrlichkeit
Jesu ist ein Vorverweis auf seine Auferweckung und Erhöhung.

Aber Jesu Verklärung lässt längst nicht alles klar sein, seine Verwandlung wandelt nicht alle Fragen in zufriedenstellende Antworten. Da ist die Geschichte mit Elia. Von ihm hatte der Prophet
Maleachi (3,23) die Verheißung Gottes weitergegeben: Siehe, ich
will euch senden den Propheten Elia, ehe der große und schreckliche Tag des Herrn kommt! Er soll die Väter mit den Söhnen und
die Söhne mit den Vätern versöhnen, damit das Kommen Gottes
nicht zum vernichtenden Strafgericht wird. In die gleiche Posaune
stieß auch Jesus Sirach (48,10). Was hat es mit diesen Verheißungen
auf sich? Sind sie schon erfüllt oder noch nicht?

Jesus nimmt diese Verheißung auf und deutet sie. Für ihn ist
Johannes der Täufer der bereits gekommene Elia, wenn ihr es annehmen wollt (Mt 11,14). Jetzt verdeutlicht Jesus das noch einmal
und seine Jünger verstehen, von wem Jesus da spricht. Ob sie es
auch annehmen? Aber Jesus führt sie noch ein Stück weiter in die
Tiefe. Im Geschick des Täufers ist sein eigenes Geschick vorabgebildet. Ihn erkannten sie nicht als den wiedergekommenen Elia

und im Menschensohn Jesus werden sie auch nicht den Gottessohn erkennen. Auch im Leiden ist der Täufer der Vorläufer des
Menschensohnes. Den Täufer haben sie enthauptet. Auch Jesus
der Menschensohn wird leiden müssen, aber er wird wiederkommen.
Das ist sein Weg. Ob den Jüngern das klar ist und sie es annehmen
können?

Gott verweist gerade auf ihn, der da leiden und sterben muss.
Der in die himmlische Herrlichkeit verwandelt wurde, ist doch
der, der auf dem Weg in das Leiden und in den Kreuzestod geht
und dann von Gott auferweckt wird. Gerade in ihm hat sich Gott
den Menschen zugewandt. Ein für alle mal, wird der Apostel Paulus sagen. Den sollt ihr hören. Er wird bei euch sein alle Tage. Dereinst, wenn der große schreckliche Tag des Herrn kommt, wird uns
Gott in Jesus Christus anschauen. Er wird zur Rechten Gottes sitzen
zu richten die Lebenden und die Toten. Dann werden wir voller
Hoffnung und Dankbarkeit singen:

> Jesus lebt, mit ihm auch ich!
> Tod, wo sind nun deine Schrecken.
> Er, er lebt und wird auch mich
> von den Toten auferwecken.
> Er verklärt mich in sein Licht;
> dies ist meine Zuversicht.
> *(Christian Fürchtegott Gellert, EG 115,1)*

Mt 17,1–9 (10–13) – Gottesdienst
LSnEpiphanias

PSALM 97

BITTRUF

Ich hebe meine Augen auf zu den Bergen. Woher kommt
mir Hilfe? Meine Hilfe kommt vom Herrn, der Himmel und
Erde gemacht hat (Ps 121,1.2), denn er erbarmet sich unser.

LOBPREIS

> Jesus Christus spricht: Ihr sollt nicht meinen, dass ich ge-
> kommen bin, das Gesetz oder die Propheten aufzulösen; ich
> bin nicht gekommen aufzulösen, sondern zu erfüllen (Mt
> 5,17). Ihm lobsingen wir mit allen Christen auf Erden, mit
> allen Toten unten in der Erde, mit allen Zukünftigen, die
> noch getauft werden, und mit allen Engeln in den Himmeln.

KOLLEKTENGEBET

> Von Gott kommt mir ein Freudenschein,
> wenn du mich mit den Augen dein
> gar freundlich tust anblicken.
> Herr Jesu, du mein trautes Gut,
> dein Wort, dein Geist, dein Leib und Blut
> mich innerlich erquicken.
> Nimm mich freundlich
> in dein Arme und erbarme dich in Gnaden;
> auf dein Wort komm ich geladen. Amen
> *(Philipp Nicolai, EG 70,4)*

LESUNGEN

> 2Kor 4,6–10
> Ex 3,1–10 (11–14)

GEBET

> Allmächtiger Gott, den Himmel öffnest du über uns und
> gibst uns Einsicht in das Verborgene. Das Unfassbare können
> wir kaum fassen. Unser Glaube ist oft nicht stark genug an-
> zunehmen, was du uns an die Hand gibst. Du verweist uns
> an deinen Sohn Jesus. In seiner Stimme hören wir deine. Wir
> bitten dich, verwandle unsere dunklen Gedanken in dein
> Licht und öffne unsere trüben Augen.

> *Gemeinde:* Herr, wir bitten dich, sei du unser Licht.

> Allmächtiger Gott, Lebenswege öffnest du uns, wo wir keine
> Wege mehr sehen. Manchmal sind sie steinig, deine Pfade,
> führen auf den Gipfel der Berge und in die Dunkelheit der
> Täler. Aber in deinem Sohn hast du uns verheißen bei uns zu
> sein und bei uns zu bleiben, und wenn wir meinen alleine zu
> sein, trägst du uns doch. Wir bitten dich, verwandle unsere

dunklen Wege in deine lichten Pfade und stärke unsere müden Füße.

Gemeinde: Herr, wir bitten dich, sei du unser Licht.

Allmächtiger Gott, die Zukunft öffnest du uns und gibst uns Aussicht auf das, was du uns in deinem Sohn bereitet hast. Anteil sollen wir haben an deiner himmlischen Herrlichkeit. Dereinst. Stärke diese Hoffnung in uns und lass uns unsere Hände aufheben zu Jesus, deinem Sohn. In seinem Namen rufen wir dich an und bitten dich, umgib uns mit deinem Glanz.

Gemeinde: Herr, wir bitten dich, sei du unser Licht.

LIEDER

Herr Christ, der einig Gotts Sohn (EG 67)
Wie schön leuchtet der Morgenstern (EG 70)
O Jesu Christe, wahres Licht (EG 72)
Jesus lebt, mit ihm auch ich! (EG 115)
Gott Vater, du hast deinen Namen (EG 208)

Lk 10,38–42 Maria und Martha

Martina Böhm

Der Weg, den Jesus mit seinen Jüngern geht und der ihn am Haus der beiden Schwestern vorbeiführt, hat Jerusalem zum Ziel. Passion, Kreuz und Ostern sind der Horizont, vor dem innerhalb des so genannten lukanischen Reiseberichts exemplarisch vorgeführt wird, wie Nachfolge konkret aussehen kann oder auch aussehen soll. Verschiedene Formen und Aspekte von Nachfolge, wie sie im frühen Christentum praktiziert wurden, kommen in den Blick: die besitzlose, auf andere Menschen angewiesene, darum aber auch für andere Menschen freie Wanderexistenz der Verkündigenden (Lk 9,3; 10,4: demonstriert am Beispiel von Männern) wie auch die sesshafte, an Besitz gebundene und diesen auch gar nicht in Frage stellende, aber für die Verkündigung offene Lebensform (Lk 10,38: demonstriert am Beispiel von Frauen). Beide Formen sind als Nachfolgemodell legitim, beide treffen in Lk 10,38–42 aufeinander. Die Selbstverständlichkeit, mit der sie interagieren, bildet das Ideal ab: So soll es sein. Was beide grundsätzlich voneinander und aneinander haben, führt der Text deutlich vor. Das ist jedoch nur der Rahmen – zum eigentlichen Thema wird schnell die Kontroverse um die konkrete Ausgestaltung dieser Begegnung mit dem Wort Jesu durch die beiden mit dem Haus verbundenen Frauen. Aufschlussreich ist, die Szene unter dem Aspekt „Wort des Herrn" zu analysieren:

V38:   Aufnahme des Herrn (und seines Wortes) in das Haus der beiden Schwestern

V39   Hören des (indirekt gesprochenen) Wortes des Herrn in der Haltung der Schülerin durch Maria = „Position A"

V40   direkte Beanspruchung des Wortes des Herrn durch Marta im Dienste ihrer eigenen „Position B" gegen „Position A"
       Marta versucht, das Wort Jesu für ihre eigenen Vorstellungen zu instrumentalisieren. Sie meint offenbar genau zu wissen, was im Sinne des Herrn ist. Hat sie sich auch deshalb gar nicht erst in die Position der Lernenden be-

geben? Sie bietet interessanterweise auch eine eigene Definition für das Verhalten ihrer Schwester: es ist nicht „Position A", sondern „Position B minus".

V41/42 nicht an Maria, sondern direkt an Marta gesprochenes Wort des Herrn: Verteidigung von „Position A"

Nun muss auch Marta (endlich!) zuhören bzw. auf das Wort des Herrn hören und erfährt etwas anderes, als sie erwartet hat. Das Wort des Herrn korrigiert unvermutet sie, nicht die Schwester. „Position B" wird dabei nicht direkt infrage gestellt. Indirekt gibt das Herrenwort jedoch deutlich zu erkennen, dass sich das Hören auf das Wort des Herrn auch für Marta lohnt und sie durchaus noch einiges lernen kann.

Die knappe, auf das Schwesternpaar und Jesus reduzierte Szene ist unter historischem Blickwinkel möglicherweise tatsächlich zunächst eine Reflexion über die Gestaltung der Nachfolge von Frauen in der frühen Christenheit, die das spezielle Modell der Sesshaftigkeit leben und bei denen die Frage entsteht, wie sie Jesus und sein Wort aufnehmen. Dass es gerade zwei Frauen sind, die als erste im Ablauf des Lukasevangeliums exemplarisch vorführen, wie die Aufnahme des Wortes und seines Verkündigers in ein Haus aussieht (vgl. Lk 10,5–7), ist sicher kein Zufall, sondern bewusste Reminiszenz. Dennoch ist das Verhalten der beiden Schwestern im Sinne des Lukas transparent für alle, die unter vergleichbaren, ganz „normalen" Bedingungen leben und so die Begegnung mit dem Wort des Herrn gestalten wollen oder auch gestalten müssen. Das Haus der beiden steht prinzipiell für den Alltag, in dem die Begegnung mit dem Herrn und seinem Wort erfolgt, und dieser Alltag ermöglicht Verhaltensalternativen (Position A und Position B). Die Schwestern Martha und Maria bilden darüber hinaus aber wohl auch Gemeinde ab, in der beim Umgang mit dem Wort des Herrn faktisch nicht nur verschiedene Prioritäten gesetzt, sondern diese mitunter auch in unangemessener Weise mit der Autorität eines Herrenwortes legitimiert werden.

Über die oben stehende kleine Analyse hinaus lohnt noch einmal ein genauerer Blick auf den Konflikt. Maria erkennt die durch Martha (V38) geschaffene besondere Gelegenheit, setzt für sich Prioritäten und durchbricht zugunsten des Hörens auf das Wort Jesu ihre Alltagswelt. Martha, wiewohl diejenige, die Jesus aufge-

nommen hat, übersetzt die Begegnung mit dem Herrn für sich in
(möglicherweise noch gesteigerte) häusliche Betriebsamkeit. Ob
die differenten Verhaltensweisen der beiden Schwestern vom Erzähler gleichberechtigt nebeneinander gesehen werden und der
Konflikt überhaupt erst durch das Aufbegehren der Martha entsteht oder nicht, entscheidet sich an der Beurteilung ihrer *diakonia*. Dazu ist es wichtig, den Begriff *diakonia* nicht nur für sich zu
betrachten, sondern die gesamte Passage in V40a wahrzunehmen.
In V40a findet sich im Griechischen eine auffällige Formulierung:
periespato peri pollän diakonian. Das doppelte, fast unmittelbar
aufeinander folgende *peri* ist ein bewusst gesetztes Stilmittel, das
Unruhe in die Passage bringt und das Herumschauen (abgelenkt
sein! so die genaue Bedeutung von *perispao*) und Herumwirtschaften der Martha auch sprachlich spürbar werden lässt. Aufschlussreich ist zudem, dass (anders als in Lk 4,39) das Dativobjekt für die
diakonia fehlt und in der gesamten Rede Marthas kein einziges
Mal explizit gesagt wird, *für wen* sie das eigentlich alles tut und die
Hilfe der Schwester beansprucht.

Das Sich-nieder-lassen und Hören auf das Wort des Herrn sind
die mit Maria verbundenen Handlungen. Das Herumwirtschaften
und eigene (!) Sprechen bzw. Verfügen über das Wort des Herrn
sind die mit Martha verbundenen Handlungen. Der Kontrast
könnte nicht schärfer sein und insofern wird Marthas Verhalten in
dieser besonderen Situation doch deutlich kritisiert. Die Aufnahme Jesu in das Haus ist das Eine, der angemessene Umgang mit
dem Wort des Herrn im Haus das Andere.

In der Antwort Jesu (V41f) stehen sich *polla*/„vieles" und *henos*/
„eines" unmittelbar gegenüber. Nur das Eine, das Hören (und
damit verbundene Durchbrechen des Alltags), ist wirklich notwendig. Und wie nötig dieses Eine auch Martha hat, wird rückwirkend
durch die gesamte Erzählung in ironischer Weise mehr als deutlich.

Predigt und Gottesdienst

Hans-Helmar Auel

Lk 10,38–42 – Predigt

„Ich aber und mein Haus wollen dem Herrn dienen" (Jos 24,15b). Es ist, als stünden diese Worte über dem Eingang des Hauses der Martha und begrüßten den Gast, der sich nähert. Bekannte Worte dringen aus ferner Zeit in unser Ohr. Doch sind sie uns fremd geworden, wirken befremdlich in uns weiter. Zu Hause fühlen wir uns in ihnen eher nicht, obgleich sie in uns heimisch werden möchten. Wohnt in ihnen doch eine Heimlichkeit, die dem Suchenden Heimat anbietet. Dem Wanderer wird das Haus zur Rast, und wer auf dem Weg ist, kann einkehren und hat einen Platz, wo er sein Haupt hinlegen kann. „Wer jetzt kein Haus hat, baut sich keines mehr", dichtete Rainer Maria Rilke und meinte den, der in seinem Leben wie das Herbstlaub unruhig und ziellos hin und her getrieben wird. Und Jesus sagte von sich, dass der Menschensohn keinen Ort hat, wo er sein Haupt hinlegen kann (Lk 9,58). Im Haus der Martha ist er willkommen.

Schauen wir einen Augenblick in den Arbeitsraum derer, die den Ursprung der Worte unserer Sprache erforschen. Sie haben herausgefunden, dass das Wort „Haus" von der alten Sprachwurzel *skeu* kommt und „bedecken", „umhüllen" bedeutet. Wir finden dieses ursprüngliche Wort wieder in dem Wort „Scheune", auch in dem englischen Wort *skin*. Und das heißt „Haut". Haus und Haut haben die gleiche sprachgeschichtliche Wurzel. Das Haus ist unsere zweite Haut, unsere zweite Hülle. Erweitert ist der geschützte Raum um uns. In Haut und Haus sind wir zu Hause. Schutzlos wäre unser ganzes Leben ohne dieses Bedecken und Umhüllen. Mein Haus ist meine Burg, mein Rückzugsgebiet, in dem ich mich verbergen kann und geschützt bin. In den Worten eines Gedichtes („Pfarrhaus") von Reiner Kunze klingt das so:

Wer da bedrängt ist findet
mauern, ein
dach und

muss nicht beten

„Martha nahm ihn auf" in ihrem Haus. Da wird eine Tür geöffnet,
Zugang wird möglich in einem Haus, das dem Herrn dienen will,
Begegnung im geschützten Terrain, bekannt und doch fremd. So
selbstverständlich ist es nicht, dass Türen aufgehen. So selbstverständlich ist es nicht, dass eine Frau einen Mann in ihr Haus aufnimmt. So selbstverständlich war es ja nicht, dass eine Frau überhaupt ein Haus ihr eigen nennen durfte. Auf diese Besonderheit
weisen uns die Erforscher der Lebenswelt Jesu hin. Und wer in ein
Haus aufgenommen wird, ist nicht mehr Fremder, hat Anteil an
der Geborgenheit und Heimlichkeit, erhält Zugang zu fremden
Welten und ist doch geschützt. Der Fremde wird zum Gast. Ihm
gelten die ungeteilte Aufmerksamkeit und die ganze Großzügigkeit. Anteil erhält er an dem Geist, der im Haus spürbar wird. Vieles
wird mit ihm geteilt. Martha nahm ihn auf. Das heißt auch: Du
kommst mir nahe, hast den Zugang zum Haus schon geschafft,
rückst mir aber auch auf die Haut. Und meine Haut wird mich
auch nicht mehr verbergen. Ich aber und mein Haus wollen dem
Herrn dienen.
    Dass es Jesus ist, der da als Gast in Marthas Haus aufgenommen
wird, erschließt sich aus dem Zusammenhang. Er wird aber nicht
mit Namen genannt, sondern mit dem Wort Herr, das in der
jüdischen Religion allein Anrede für Gott war. Jesus ist der Herr,
sagt uns Lukas. Mit seinem Kommen in das Heim der Martha hält
Gott Einzug. Und was ist, wenn das Kommen Gottes zur Heimsuchung wird?
    Martha redet Jesus mit der Ehrenbezeichnung Herr an. Für den
Evangelisten ist es ganz wichtig, dass es der Herr ist, der Martha
antwortet. Ein Augenblick im Leben erhält so Bedeutung auf
Dauer und durch die Zeiten.
    Marthas Haus aber ist kein Haus der Einsamkeit. Ihre Schwes-
ter Maria wohnt mit ihr unter einem Dach – geteilte Sorge am
Tage, beruhigender Atem in der Nacht, ein Zimmer der Begeg-
nung. Maria hatte sich dem Herrn zu Füßen gesetzt und hörte sein
Wort. Da sitzt sie nun wie eine Schülerin vor ihrem Lehrer und ist

buchstäblich ganz Ohr. Auch das ist nicht selbstverständlich zu Zeiten Jesu, dass eine Frau zur Schülerin wird. Immerhin da sind wir in unserer Gesellschaft ein großes Stück voran gekommen.

Ein Geschenk voller Verheißung hat der Gast mitgebracht. Worte aus himmlischen Sphären bergen Stille und bringen Stille. Das macht den Unterschied aus zwischen der Geschwätzigkeit des Alltags und der Heiligkeit der Stille, in die uns Gott einhüllt. Es ist die Stille des verschwebenden Schweigens, in der Gott unser Gast wird, wie es der Prophet Elia erlebte. Gottes Wort wird uns in der Stille zum schützenden und bergenden Haus. Das unterscheidet die Pausen unseres Lebens von der Stille der Gottesbegegnung. Und Maria hüllte sich in Schweigen und hörte sich in das Geschenk des Wortes Gottes hinein.

„Herr"! Mit diesem Wort tritt Martha auf. Das Wort Gottes verhallt. Die Stille endet in dem lauten Ruf: „Herr"! In Jesus wird der Name Gottes angerufen, und nach dem Anrufen Gottes erfolgt die bittere Klage. Kümmert es dich gar nicht? Siehst du nicht auf mich und entdeckst, wie ich mich abrackere? Ich gebe mir alle Mühe, springe hin und her, weiß gar nicht, wie ich alles auf die Reihe bringen soll. Angespannt bin ich bis zum Äußersten, weil ich es dir recht machen will. Alles mache ich und du nimmst es nicht wahr. Es hängt mir zum Halse heraus, dass ich alles alleine machen muss. Kümmert es dich nicht?

Worte stehen im Raum und sollen nicht ungehört verhallen. Einmal ausgesprochen sind sie nicht zurückzuholen. Der Vorwurf ist unüberhörbar, nicht mehr wegzudiskutieren und zu beschönigen, schon gar nicht auszusitzen. Wes das Herz voll ist, des läuft der Mund über. So muss der reden, der meint, Gott kümmere sich nicht um ihn in seinem vielfältigen Dienst, ließe ihn gleichsam verkümmern und schenke ihm keine Beachtung. So muss er auch vor Gott reden. Wer vor Gott nicht mehr klagt, nicht mehr in Worte fasst, was er nicht fassen kann und was ihm auf der Seele liegt, dem ist ein wichtiges Geschenk Gottes verloren gegangen. Er kann nicht mehr klagen. Martha aber klagt vor dem Herrn und macht Ernst mit den Worten des Psalms 55,23: „Wirf dein Anliegen auf den Herrn." Wirf es ihm vor die Füße, und du wirst erfahren, wie Gott mit deinen Vorwürfen umgeht. Er umgeht sie nicht, wird alle Vorwürfe aufheben und nicht darauf herumtrampeln.

Doch ist da etwas, das die Klage der Martha zusätzlich verschärft. Wenn sie auf ihre Schwester Maria schaut, dann ist ihr

Eindruck, der Herr kümmere sich allein um die Schwester. Im Vergleich mit Maria fühlt sie sich zu kurz gekommen. Ihr ganzer Dienst wird zu einer einzigen Qual. Im Vergleich mit ihrer Schwester fällt sie hinten runter. So ist das wohl oft genug, wenn die Schwester auf die Schwester schielt. Und aus den Anfängen taucht das Bild von Kain auf, den der Herr fragt: „Was siehst du scheel drein?" Warum schielst du auf deinen Bruder? Wenn wir uns miteinander vergleichen, vergehen wir uns buchstäblich, vergehen uns und Gott ist daran schuld, weil er sich nicht darum kümmert, was wir alles alleine machen müssen.

Mit ihrer Schwester kann Martha nicht reden. Sie braucht einen Mittler. „Herr, sag du es ihr doch, dass sie mit zufasst!" Und der Herr vermittelt zwischen Gott und Mensch, zwischen Mensch und Mensch, baut eine Brücke in meinem zwiespältigen, zerrissenen und doch geschwisterlichen Leben. Den Weg über die von Gott gebaute Brücke jedoch muss ich selber gehen, auch wenn er voran geht.

„Martha!" – „Martha!" Es ist, als würde es dieser zweimaligen Anrede bedürfen, um durch die aufgeregten Sinne ihr Ohr zu erreichen und die aufgewühlten Wogen der Sorge zu besänftigen. Martha, halte einen Augenblick inne und stille. Lass für einen Moment alle belastende Mühe aus deinem Blickfeld. Ich will dich mitnehmen zu dir nach Hause. Vielleicht kannst du dann sehen, wie deine Sorgen dich blockieren. Aus deinem Besorgtsein ist eine unangemessene Sorge geworden. Gleichzeitig stürzen dich deine Sorgen in vielfältige Aktivitäten. Das schafft bloß noch Unruhe. Selbst in dir bist du nicht mehr zu Hause, gerätst ganz aus dem Häuschen. Fremde bist du im eigenen Heim. Martha, Martha, kannst du sorgenvolles Wesen noch ganz Ohr sein, wenn das sorgende Wort Gottes an dein Ohr dringt? Wirst du ihm deine Ohren öffnen können? Martha – Herrin bedeutet dein Name. Aber du bist nicht mehr Herrin in deinem Haus, wenn deine Sorgen und Aufregungen deinen Dienst auffressen.

Nur eines braucht du. Nur eines ist notwendig, wendet im wahrsten Sinne die Not des Lebens. Maria hat den guten Teil erwählt, der die Not wendet. Kann Martha Maria sein? Haben beide wirklich die freie Wahl oder gibt es etwas, dass sie wählen lässt?

Der Herr definiert den guten Teil nicht. Er sagt aber, dass es den guten Teil gibt. Wir entdecken nur, dass Maria zu Füßen des Herrn sitzt und ganz Ohr ist. Zum guten Teil des Gottes-Dienstes zählen

Stille und Hören. Auf dem Weg mit Martha dahin erfahren wir vom Herrn, alle unsere Sorge auf ihn zu werfen. Sorgt er doch für uns (1 Petr 5,7).

Oft genug lassen uns die eigenen Sorgen vergessen, dass sich der Herr um uns sorgt. Im guten Gottes-Dienst liegt nicht die Verheißung eines sorgenfreien Lebens. Eher ruht darin die Bestärkung, alle Sorgen auf Gott abzuladen. Im stillen Hören zu Füßen des Herrn erkennen wir die Tiefe des Geheimnisses, was der gute Teil des Gottes-Dienstes ist: Gott schenkt uns seine ganze ungeteilte Aufmerksamkeit. Ist er doch gekommen zu dienen (Lk 22,37). Und die Antwort des schweigenden Hörers auf Gottes Dienst an uns ist das Gebet, wie der Fortgang des Lukasevangeliums zeigt.

Ich aber und mein Haus wollen dem Herrn dienen. „Wenn aber der Herr nicht das Haus baut, so arbeiten umsonst, die daran bauen. Es ist umsonst, dass ihr früh aufsteht und hernach lange sitzt und esset euer Brot mit Sorgen; denn seinen Freunden gibt er es im Schlaf" (Ps 127,1a.2).

Lk 10,38–42 – Gottesdienst

Estomihi III

PSALM 31

BITTRUF

> Alle eure Sorge werft auf ihn; denn er sorgt für euch
> (1 Petr 5,7). Lasset uns rufen.

LOBPREIS

> Wir sehen jetzt durch einen Spiegel ein dunkles Bild; dann
> aber von Angesicht zu Angesicht. Jetzt erkenne ich stückweise,
> dann aber werde ich erkennen, wie ich erkannt bin (1 Kor
> 13,12). Unserem Herrn lobsingen wir mit allen Christen auf
> Erden, mit allen Toten unten in der Erde, mit allen Zukünf-
> tigen, die noch getauft werden, und mit allen Engeln in den
> Himmeln.

KOLLEKTENGEBET

> Eins ist not! Ach Herr, dies Eine lehre mich erkennen doch;
> alles andre, wie's auch scheine, ist ja nur ein schweres Joch,
> darunter das Herze sich naget und plaget und dennoch kein
> wahres Vergnügen erjaget. Erlang ich dies Eine, das alles er-
> setzt, so wird ich mit Einem in allem ergötzt. Amen.
> *(Johann Heinrich Schröder, EG 386,1)*

LESUNGEN

> Mk 8,31–38
> Am 5,21–24
> 1 Kor 13,1–13

GEBET

> Allmächtiger Gott, auf der Erde, zu deinen Füßen, hören wir
> dein Wort. Zu sagen brauchen wir nichts. Wenn wir nur in
> deinem Wort deine Nähe spüren, wendet sich alle Not des
> Lebens. Eines ist Not, dein Wort alleine. Dein Wort ruft ins
> Leben, dein Wort ruft aus den Toten, dein Wort macht Leib
> und Seele gesund, dein Wort ruft aus dem Leben in die
> Ewigkeit. Zu deinen Füßen, o Herr, hören wir.
>
> Oft genug, Herr, sind wir hin und her gerissen von unse-
> ren Sorgen. Wir mühen uns ab, wissen nicht, was wir zuerst
> und zuletzt machen sollen, reiben uns auf und finden vor
> lauter Sorge keine Ruhe mehr. Auf eigenen Füßen laufen wir
> hin und her und sehnen uns doch nach Ruhe. Rufe uns beim
> Namen, Herr, damit wir aus unserem sorgenden Trott geris-
> sen werden.
>
> Eins ist Not, sagst du, Herr. Wir halten inne und suchen
> nach der Kraft, die aus deinem Wort fließt wie ein Strom in
> der Wüste. Eines wendet die Not, hören wir, und machen
> uns auf unseren Füßen auf den Weg zu deinen Füßen.
> Amen.

LIEDER

> Eins ist not! Ach Herr, dies eine (EG 386)
> Gott rufet noch (EG 392)
> Lasset uns mit Jesus ziehen (EG 384)
> Ich weiß, mein Gott (EG 497)

Mk 14,53–65

Ego eimi – Historische, exegetische und
theologische Bemerkungen

Stefan Alkier

1. Programmatische Besinnung

Um mit der Tür ins Haus zu fallen: Die Evangelien sind keine un-
parteiischen historischen Berichte. Ihre Darstellungen der Ereignisse
wollen keinen Beitrag zu einer historisch-kritischen Geschichts-
deutung liefern. Es handelt sich schon gar nicht um objektive Ge-
richtsakten.[1] Sie erinnern vielmehr Vergangenes, um die Gegenwart
zu interpretieren und damit Zukunft zu gestalten. Sie erzählen po-
sitionell, perspektivisch, polemisch, anspruchsvoll. Sie beanspruchen,
lebensnotwendige Wahrheit zu vermitteln, nicht irgendeine, sondern
die rettende Wahrheit über Gott und die Welt. Damit präsentieren
sie sich selbst aber nicht nur als Medium des Evangeliums, sondern
als Wort Gottes, das nicht distanziert abwägend, sondern zustim-
mend lebensgestaltend rezipiert werden soll.

Kritische Theologie weiß nicht nur zwischen den Zeiten zu
unterscheiden, sondern ebenso zwischen vorgegebenem Text und
seinen Interpretationen, zwischen narrativer Darstellung und historischer Plausibilität, zwischen theologischen und historischen
Sachverhalten. Kritische Exegese hat deshalb zu allererst und zu
allerletzt die Aufgabe, den Text als solchen wahrzunehmen, zu analysieren, seine Pragmatik zu untersuchen. Wenn sie die Figuren des
Textes gleichsetzt mit historischen Personen, also nicht kategorial
zwischen Erzählcharakteren und Menschen aus Fleisch und Blut,
zwischen Textwelt und Lebenswelt differenziert, dann ist sie keine
kritische Wissenschaft und verliert die Kraft, ein Korrektiv religiöser Ideologien in und außerhalb der Kirche zu werden.

---

1 Vgl. W. Reinbold, Der Prozeß Jesu, BThS, Gütersloh 2006.

2. Historische Bemerkungen

Diese programmatische Besinnung ist notwendig, wenn über einen
Text wie Mk 14,53–65 nachgedacht wird. „Die Hohenpriester
und der ganze Hohe Rat suchten Zeugnis gegen Jesus, dass sie ihn
zu Tode brächten und fanden nichts." (14,55). Die Hohenpriester[2]
und der ganze Hohe Rat werden als verlogene Institution dargestellt, die Recht und Gesetz brechen, um einen Unschuldigen, der
ihren Interessen entgegensteht, hinrichten zu lassen. Sie gelten im
Markusevangelium ebenso wie die Pharisäer, Sadduzäer und
Schriftgelehrten als hinterlistige Feinde Jesu. Der „Pharisäer" gilt
noch im heutigen Sprachgebrauch als Symbol verlogener Moral,
der von anderen fordert, was er selbst nicht einhält, obwohl die
historische Forschung die Unhaltbarkeit dieses polemischen Zerr-
bildes eindrücklich erwiesen hat. Das Markusevangelium kann
aber ohne diese inszenierte Feindschaft nicht plausibel verstanden
werden. Sie motiviert schon ab 3,6 die Absicht, Jesus hinzurichten.

Hinsichtlich der historischen Plausibilität der in Mk 14,53–65
dargestellten Szene vor dem Hohen Rat ist zuerst das Problem der
Quellen zu benennen. Wir haben nur das Markusevangelium und
die von ihm abhängigen anderen Evangelien zur Verfügung, die
die Ereignisse um den Prozess Jesu schildern. Die Einseitigkeit der
Beurteilung der judäischen Institutionen und Amtsträger in den
Evangelien wird aber sofort deutlich, wenn die Schriften des jüdischen Historikers Josephus und auch römischer Historiker wie
Tacitus oder Sueton hinzugezogen werden, deren Zusammenschau
erst der Komplexität der historischen Sachverhalte annähernd gerecht werden könnte. Historisch ergibt sich dabei folgendes Bild:
Die politische Lage in Judäa wurde zur Zeit Jesu geprägt von dem
Zusammenspiel der von Rom abhängigen Klientelfürstentümer
der Herodianer, dem zuständigen römischen Beamten der dem
römischen Statthalter von Syrien unterstehenden Teilprovinz Judäa

---

2 Freilich gab es stets nur einen amtierenden Hohenpriester. Ob hier der
   Vorgänger miteinbezogen wird oder es sich schlicht um einen sachlichen
   Fehler des Verfassers des Mk handelt, bleibt ungewiss. Eine knappe Ein-
   führung in die für die neutestamentlichen Schriften relevanten historischen
   Sachverhalte mit ausgewählten Hinweisen auf weiterführende Literatur
   findet sich im fünften Kapitel (Herrscher, Reiche, Religionen: Historische
   Kontexte der neutestamentlichen Schriften) meines Buches: Neues Testa-
   ment, UTB basics, Tübingen und Basel 2010, 185–258.

und der jüdischen Institution des Hohen Rates, dem der Hohepriester vorstand. Diese Gemengelage war außerordentlich konfliktreich. Schon bei der Etablierung der direkten römischen Verwaltung Judäas im Jahr 6 n.Chr. kam es zu Tumulten, die von den Römern blutig niedergeschlagen wurden. Auch zur Amtszeit des Pontius Pilatus (26–36) ereigneten sich immer wieder Unruhen.[3] Zur Katastrophe kam es in Judäa mit dem jüdisch-römischen Krieg 66–70 (73), der mit der Tempelzerstörung endete, und nochmals mit dem Bar Kochba Aufstand (132–135), nach dem kein Jude mehr Jerusalem betreten durfte.[4] Bar Kochba galt vielen als Messias, der das Reich Davids wieder herstellen würde.

Unter Berücksichtigung dieser historischen Situation wird man konstatieren müssen, dass Jesus von Nazareth als politischer Verbrecher von den Römern hingerichtet wurde und zwar unter Billigung des Hohen Rates von Jerusalem, dem der Hohepriester vorstand. Religionsgeschichtlich gehört Jesus von Nazareth in die Reihe charismatischer jüdischer Führungsgestalten, die sich als Messias inszenierten bzw. so verstanden wurden.

Ob sich Jesus von Nazareth selbst als Messias verstanden hat oder aber so interpretiert wurde, entzieht sich der Möglichkeit historischen Urteilens, denn es existieren keine Quellen, die ein diesbezügliches Urteil erlaubten. Die Evangelien erinnern die Jesus-Christus-Geschichte (E. Reinmuth) aus der Überzeugung der Auferweckung des Gekreuzigten, die auch den Jesus vor der Kreuzigung zunehmend (vgl. Mt, Lk, Joh gegenüber Mk) als Messias und Sohn Gottes darstellten. Doch auch schon die Darstellung des Mk wird von Anfang bis Ende des Evangeliums aus der Überzeugung der erfolgten eschatologischen Auferweckung[5] Jesu Christi,

---

3 Vgl. Flavius Josephus, *bell.* 2, 169ff.
4 Über die komplexe Lage informieren provokant E. Baltrusch, Die Juden und das Römische Reich. Geschichte einer konfliktreichen Beziehung, Darmstadt 2002, und sehr informativ W. Eck, Rom und Judaea. Fünf Vorträge zur römischen Herrschaft in Palästina, Tübingen 2007.
5 Vgl. dazu mein Buch, Die Realität der Auferweckung in, nach und mit den Schriften des Neuen Testaments, Tübingen/Basel 2010. Hier habe ich nicht nur das Mk, sondern alle 27 neutestamentlichen Schriften mit Blick auf die Auferweckung untersucht. Ich unterscheide konsequent die eschatologische Auferweckung, die eine Transformation ins ewige göttliche Leben meint, von der Wiederbelebung eines Toten, die nur die Wiederherstellung des Zustands vor dem Tod bezeichnet und dann erneut den Tod vor sich hat.

dem Messias und Sohn Gottes, gestaltet. Auch in der markinischen
Szene vor dem Hohen Rat ist der Subtext die Auferweckung des
Gekreuzigten, der nicht erst im Johannesevangelium, sondern be-
reits hier sein göttliches *ego eimi* (ich bin) spricht.

Weil mit der jüdischen Erwartung des Messias auch die Restituierung des politischen Reiches Davids verbunden war, hat Pontius
Pilatus im Sinne römischer Provinzialverwaltung gehandelt, als er
durch die Hinrichtung Jesu zu befürchtende Unruhen verhindern
wollte. Jesus und seine Bewegung konnten als jüdische Volksbe-
wegung zur politischen Restituierung Israels verstanden werden,
und es spricht einiges dafür, dass das der Grund für Jesu Hinrichtung war.

Der jüdische Hohe Rat in Jerusalem wurde nach der Eroberung
Jerusalems durch Pompeius im Jahr 63 v.Chr. in seinen Kompe-
tenzen beschränkt. Sein Vorsteher, der Hohepriester, übernahm
zudem nun allein die Rolle des Repräsentanten der Juden, nachdem die Römer das jüdische Hasmonäerreich zerteilten und keinen
jüdischen König mehr einsetzten. Die Römer hatten sich von Beginn an als Herrschaftsmacht inszeniert, die die Spielregeln diktiert.
Pompeius vergiftete bereits am ersten Tag der Besetzung Jerusalems
das jüdisch-römische Verhältnis, indem er das Allerheiligste des
Jerusalemer Tempels betrat und ihn damit schändete. Seitdem kam
es immer wieder zu Konflikten und blutigen Auseinandersetzun-
gen. Die Juden in Galiläa, Samarien und Judäa waren – wie auch
die so genannten Juden der Diaspora – zudem keine homogene
Gruppe. Das Spektrum reichte von terroristischen Aktivisten bis
hin zu Freunden der römischen Kultur. Der Hohe Rat arbeitete
notgedrungen mit den jeweils Herrschenden zusammen –zunächst
mit den Herodianern, dann mit der direkten römischen Verwaltung
von Judäa – und versuchte dabei die Selbstauslegung jüdischen
Lebens unter dem Druck der Fremdherrschaft zu gestalten. Eines
ihrer vornehmlichen Interessen musste es sein, Unruhen jeder Art
zu vermeiden, die den Römern Anlass zum Eingreifen hätte geben
können. Den jüdischen Institutionen kann man daher historisch
angemessen nicht boshafte Lügen und hinterhältiges Intriganten-
tum unterstellen. Vielmehr haben sie unter den Bedingungen ihrer
religiösen und politischen Überzeugungen Verantwortung für die
Organisation jüdischen Lebens übernommen. Jesus von Nazareth
wurde von ihnen als Unruhestifter eingestuft, da sie davon überzeugt waren, dass der Nazarener zu Unrecht messianisch verehrt

wurde und deshalb keine messianisch begründeten Aufstände entstehen dürften.

Im Zentrum des christlichen Gedächtnisses steht also die Hinrichtung Jesu von Nazareth als politischem Aufrührer. Damit gehört es zur exegetischen wie zur theologischen Aufgabe insgesamt, stets die politischen Implikationen der Deutungen Jesu mit zu bedenken. Es verbietet sich aber, die Polemik der Evangelien ungebrochen und unreflektiert auf die Ebene historischer Triftigkeit zu übertragen. Geschieht das dennoch, transportiert die Predigt bzw. der Unterricht antijüdische Ideologien, die spätestens seit dem todbringenden Judenhass im Nazideutschland keine Option mehr für christliche – wie auch islamische – Theologie und demokratische Politik sein darf. Die Predigt und der Religionsunterricht dürfen nicht zum Medium eines latenten Antijudaismus[6] werden. Vor dieser Gefahr steht jede Predigt, jedes Unterrichtsgespräch dieses Textes. Wie kann Jesu göttliches *ego eimi* gepredigt werden, ohne Judenhass zu schüren? Das ist die Grundfrage für eine Predigtvorbereitung über diesen Text heute.

3. Exegetische und theologische Bemerkungen

Das Markusevangelium beantwortet die Frage, wer Jesus ist, indem es aus der Perspektive der Auferweckung des Gekreuzigten erzählt, dass Jesus missverstanden wurde und selbst seine Jünger seine wahre Identität nicht erkannten. Dem Leser allerdings wird gleich zu Beginn (Mk 1,1–15) alles über Jesus von Nazareth, den Messias und Sohn Gottes, mitgeteilt, was er zum Verständnis des ganzen Evangeliums wissen muss. Er ist der erwartete Messias Israels, den die Propheten und insbesondere Jesaja angekündigt haben (vgl. 1,1f.). Johannes, der als wiedergekommener Elia gezeichnet wird, ist sein gleichfalls prophetisch angekündigter Bote (vgl. 1,4–8). Während der Taufe wird Jesus von Gott mit seinem Geist begabt und ihm seine Gottessohnschaft erklärt. Jesus weiß nun, wer er ist, und die Leser des Mk wissen es mit ihm. Sie werden zu seinen wahren Jüngerinnen und Jüngern, wenn sie dieser Erklärung im

---

6 Vgl. dazu die wichtige Arbeit von M. Rothgangel, Antisemitismus als religionspädagogische Herausforderung. Eine Studie unter besonderer Berücksichtigung von Röm 8–11, Freiburg ²1997.

Mk glauben und alles weitere unter dem Vorzeichen lesen, dass
Jesus der von den Propheten angekündigte Messias und der Sohn
Gottes ist.

Nach der bestandenen Prüfung durch den Satan, beginnt Jesu
Verkündigung, die prägnant in 1,15 zusammengefasst wird: „Die
Zeit ist erfüllt, und das Reich Gottes steht vor der Tür. Denkt um
und glaubt an diese gute Nachricht." Wer dem Evangelium des
Markus vertraut, wird fortan sein Leben in der Gewissheit gestalten, dass das Reich Gottes vor der eigenen Haustür steht und deshalb seine Werte schon jetzt für jede Alltagssituation gelten. Wer
aber meint, die Unmittelbarkeit des ewigen Reiches Gottes mit den
beschränkten Mitteln messbarer Zeitlichkeit erfassen zu können,
verfehlt von Anfang an die gute Nachricht Jesu, die das Markusevangelium inszeniert.

Aber in diese ersten 15 Verse schreibt sich auch bereits der Konflikt ein, der Jesus töten wird: Vers 14 spricht von der Gefangennahme des Boten Jesu, Johannes, der wiedergekommene Elia. Der
Leser weiß schon jetzt, dass nicht nur der Bote bedroht sein wird.

Diese für den Spannungsbogen des Evangeliums wichtige Kon-
fliktgeschichte wird vor allem als Feindschaft der judäischen Eliten
gegen Jesus dargestellt. In 2,6 erfolgt bereits von einigen Schriftgelehrten der Vorwurf der Gotteslästerung (Blasphemie), der dann in
14,64 als Grund der Todesstrafe benannt wird, weil Jesus sich an-
maßt Sünden zu vergeben, was nach jüdischem Denken allein
Gott zukommt. Und schon in 3,6 erfolgt der Todesbeschluss: „Und
die Pharisäer gingen hinaus und hielten alsbald Rat über ihn mit
den Anhängern des Herodes, wie sie ihn umbrächten."

Für das Verständnis des Mk ist es von großer Bedeutung, dass
nicht nur die judäischen Eliten, sondern auch Jesu Anhänger, ja
sogar seine engsten Vertrauten nach und nach in erschreckende
Distanz zu Jesus geraten. Einer von ihnen, Judas Iskariot, gerät
sogar auf die Seite der Feinde und verrät ihn. Selbst Petrus, der die
Messianität Jesu erkennt (vgl. 8,29), verleumdet ihn. Die Feindschaft, mit der Jesus zu kämpfen hat und die ihn schließlich tötet,
finden wir nicht nur bei den judäischen Eliten, sondern inmitten
seiner Versammlung der ihm Nachfolgenden. Die Feinde Jesu sind
nicht nur außen, sondern auch innen.

Das Markusevangelium unterteilt die Welt nicht in Gut und
Böse, alle wenden sich von Jesus ab. Im Bild der Allegorie vom
Sämann und seiner Auslegung von Kap 4 sind die judäischen

Eliten die Körner auf dem Weg, die sofort von den Vögeln gefressen werden. Jesus erläutert: „Das aber sind die auf dem Wege: wenn das Wort gesät wird und sie es gehört haben, kommt sogleich der Satan und nimmt das Wort weg, das in sie gesät war." (4,15). Die Gegner Jesu sind dem Markusevangelium zufolge selbst Opfer satanischen Wirkens. Der Satan, der auch Diabolos (Durcheinanderbringer) genannt wird, bringt alles durcheinander. Selbst das göttliche Wort des von Jesus verkündeten Evangeliums vermag er die Führer des Volkes Israels als Blasphemie, als Gotteslästerung hören zu lassen. Der Durcheinanderbringer ist stark. Er vermag zwar nichts gegen das Wort Gottes zu tun, aber er kann seine Hörer verwirren, mit einem falschen Geist belegen und sie so ins Unglück stürzen.

Auch diese Macht des Diabolos enttarnt das Markusevangelium. Wer die Pharisäer anklagt, versteht das Markusevangelium nicht. Alle sind durch das Wirken des Bösen gefährdet. Judas, Petrus und auch alle Leser des Markusevangeliums sitzen mit den Pharisäern, Sadduzäern, Hohepriestern, Schriftgelehrten in einem vom Durcheinanderbringer stets gefährdeten Boot. Seine Macht ist stark. Das Wort Gottes, das Evangelium vom auferweckten Gekreuzigten aber ist stärker, wenn man dem Markusevangelium folgt.

Immer wieder diskutiert es die Frage nach Jesu Identität: Das Volk fragt: „Was ist das? Eine neue Lehre in Vollmacht? Sogar die unreinen Geister gehorchen ihm?" (1,27b). Schriftgelehrte fragen: „Wie redet der so?" (2,7). Aber auch die Jünger erkennen ihn nicht: „Sie aber fürchteten sich sehr und sprachen untereinander: Wer ist der? Selbst Wind und Meer sind ihm gehorsam?" (4,41b) Jesu Identität wird zum Rätsel: „Und es kam dem König Herodes zu Ohren; denn der Name Jesu war nun bekannt. Und die Leute sprachen: Johannes der Täufer ist von den Toten auferweckt worden. Deshalb wirken diese Wundermächte in ihm. Einige aber sprachen: Er ist Elia; andere aber: Er ist ein Prophet wie einer aus den bekannten Propheten. Als es aber Herodes hörte, sprach er: Es ist Johannes, den ich enthauptet habe, dieser wurde auferweckt." (6,14ff.). Auch die Jünger sind verwirrt. Jesus fragt sie: „Wer sagen die Leute, dass ich sei? Sie antworteten ihm: Einige sagen, du seist Johannes der Täufer; einige sagen, du seist Elia; du seist einer der Propheten." (8,27bf.). Die Jünger fügen keine eigene Antwort hinzu. Sie partizipieren am allgemeinen Unverständnis. Erst als Jesus ihnen die Frage nach seiner Identität stellt, antwortet Petrus:

„Du bist der Christus." (8,29). Jesu Antwort bestätigt dieses indirekt: „Und er gebot ihnen, dass sie niemanden von ihm sagen sollten." (8,30).

Doch selbst die richtige Antwort des Petrus ist mit demselben Missverständnis belastet, das Jesus dann als „König der Juden" durch das Urteil des Pilatus ans Kreuz bringt (vgl. 15,26). Petrus wehrt nämlich die Leidensankündigung des Messias Jesus ab, weil er ein anderes, lokalpolitisches, militärisches Bild vom Messias hat, das die anderen Jünger teilen. Der Rangstreit der Jünger (9,33f.), wie auch das Anliegen der Zebedäussöhne (10,37) setzen das lokalpolitische Missverständnis der Messianität Jesu als Anspruch auf die Wiederherstellung des davidischen Königreiches voraus. Deshalb reagiert Jesus so drastisch auf Petrus: „Geh weg von mir Satan, denn du hast nicht im Sinn die Angelegenheiten Gottes, sondern die der Menschen." (8,33b). Die Abwehr des Leidens wird ebenso dem Satan zugeschrieben, wie das Abwehren des rechten Hörens des Wortes Gottes. Nicht nur die Pharisäer und Schriftgelehrten, nicht nur Judas, sondern auch Petrus' Anliegen wird dem durcheinanderbringenden Wirken des Satans zugeschrieben. Er vermag selbst aus Wahrheit – „Du bist der Messias" – Lüge zu machen (Du darfst nicht leiden). Obwohl Jesus offen und nicht gleichnishaft die Jünger in seinen Weg eingeweiht hat, verstehen sie weiterhin nichts: „Was ist das, auferstehen von den Toten." (9,10b.). Und selbst die Botschaft durch den Engel am Grab löst keine eschatologische Freude, sondern blankes Entsetzen aus (vgl. 16,8).

Die Szene vor dem Hohen Rat setzt all diesen durcheinanderbringenden Missverständnissen das schlichte und unmissverständliche *ego eimi (ich bin)* des auferweckten und erhöhten Gekreuzigten entgegen. Die Leser des Markusevangeliums hören es nur hier aus Jesu Mund: „Da fragte ihn der Hohepriester abermals und sprach zu ihm: Bist Du der Christus, der Sohn des Hochgelobten? Jesus aber sprach: Ich bin es (*ego eimi*), und ihr werdet sehen den Menschensohn sitzen zur Rechten der Kraft und kommen mit den Wolken des Himmels." (14,61bf.). Diese eschatologische Gewissheit setzt den Tod Jesu und seine Auferweckung voraus, so wie sie in den Leidensankündigungen formuliert wird. In diesem *ego eimi* verdichtet sich die göttliche Identität des auferweckten Gekreuzigten. Furcht und Zittern, die Jesu Leben in Gethsemane ergriffen hatten (vgl. 14,33f.), sind verschwunden. Hier spricht nicht mehr die von der Hinrichtung bedrohte endliche und verletzliche Existenz, sondern der schon in die Ewigkeit hineingerückte, zur Rechten des allmächtigen Schöpfers sitzende Sohn Gottes. Die eschatologische Gewissheit, die er ausspricht, inszeniert mit den Mitteln menschlicher Redekunst eine Ahnung der Herrlichkeit des ewigen Lebens. Die sich in diesen Worten Jesu aussprechende Hoffnung besagt: Das Wirken des Diabolischen, das Gottes gute Schöpfung und die Solidarität seiner Geschöpfe auf mörderische Weise durcheinanderbringt, wird ein Ende haben. Alle werden die Wahrheit des *ego eimi* sehen.

Wer das so glauben kann, wer in dieser Gewissheit lebt, der verschließt seinen Blick nicht vor all dem Durcheinander im eigenen Leben, den Lügen und todbringenden Ungerechtigkeiten in der eigenen Gesellschaft. Er wird seine eigene Mitschuld nicht auf die anderen und schon gar nicht auf „die Pharisäer" oder – noch schlimmer – „die Juden" abwälzen. Vielmehr nimmt er sehenden Auges sein eigenes Kreuz auf sich und folgt dem nach, der seinen Weg konsequent gegangen ist im Vertrauen auf die Liebe, Barmherzigkeit und Gerechtigkeit des Gottes Israels, des Schöpfers allen Lebens. Und auf diesem eigenen Kreuzesweg wird die heilsame Kraft erfahrbar, die auch angesichts der Schrecken dieser Welt und der Defizite der eigenen Lebensgeschichte den Mut finden lässt, sich nicht zu verbergen, sondern zu sagen: *Ich bin.* Ich bin Gottes Geschöpf und folge dem Opfer fehlgeleiteter Macht. Er, der auferweckte Gekreuzigte, soll mein Kompass sein, das Weglicht inmitten des Durcheinanders politischer, wirtschaftlicher, juridischer und militärischer Irrungen und persönlicher Verfehlungen. Ich bin ein Geschöpf Gottes und mein Kreuz trage ich in der Gewissheit, dass nicht das Diabolische, sondern der Lebengeber, der Schöpfer, der Auferwecker Jesu, der treue Gott Israels die Zukunft bestimmt und deshalb immer schon auf uns zugekommen ist. Ich bin ein Geschöpf Gottes und deshalb bin ich sicher, in jedem anderen Geschöpf Gottes dem Schöpfer zu begegnen. Im je eigenen Sagen des unverstellten *Ich bin* wird das Gekommensein Gottes als Wirkkraft des Evangeliums vom auferweckten Gekreuzigten auch in dieser Welt erfahren.

4. Wie kann man Jesu göttliches ego eimi predigen, ohne Judenhass zu schüren

Von allergrößter Bedeutung ist die Erkenntnis des Mk, dass Innen
und Außen nicht mit Gut und Böse, Verständig und Verstockt,
Freund und Feind, Erlöst und Verdammt gleichgesetzt werden
dürfen. Wir finden diese Erkenntnis auch als These in den Briefen
des Apostels Paulus wieder: „Darum, o Mensch, kannst Du dich
nicht entschuldigen, wer du auch bist, der du richtest. Denn worin
du den andern richtest, verdammst du dich selbst, weil du eben
dasselbe tust, was du richtest." (Röm 2,1). Wir sitzen mit den
judäischen Eliten und auch mit Pilatus und den römischen Instanzen in einem Boot. Was wir theologisch ganz neu bedenken müssen, ist die Macht des Diabolischen. Kritische Theologie, die nicht
nur die Aufklärung, sondern auch Auschwitz als Denkvoraus-
setzung begreifen muss, kann das Diabolische nicht mehr mytho-
logisch und personifizierend Denken. Die mit „christlicher" Begründung ermordeten Hexen und Zauberer verbieten jegliche
Experimente in diese Richtung. Auch die mörderischen Tyrannen
der Weltgeschichte waren keine Teufel, auch wenn sie Teuflisches
zu verantworten haben. Aus christlicher Perspektive sind schon aus
theologischen Gründen alle Menschen Geschöpfe Gottes. Wer
hier anderes behauptet, begibt sich auf den Pfad des Dualismus,
der Gottes Souveränität und Ehre einschränkt.

Das Diabolische sollte als das gedacht werden, was die gute
Schöpfung Gottes wie auch das friedvolle und kreative Zusam-
menleben der Geschöpfe Gottes behindert oder sogar zerstört.
Lügen gehören definitiv dazu. Mk 14,53–64 inszeniert eindrücklich, dass die Lüge als eine Form diabolischer Macht auch nicht
vor den höchsten und ehrwürdigsten Institutionen halt macht.
Christlicher Glaube ermutigt zur Selbstkritik, zur Gesellschafts-
kritik und zur Institutionenkritik.

Predigt und Gottesdienst

Hans-Helmar Auel

Mk 14,53–65 – Predigt

1

Show down in Jerusalem. Was von langer Hand im Geheimen vorbereitet war, wird jetzt vollendet. Öffentlichkeit ist im geringen Maße erwünscht, Kameras gab es noch keine, auf deine Augen und Ohren bist du angewiesen. In einer Nacht- und Nebelaktion wird Jesus vor den Hohen Rat geführt und es beginnt das, was wie ein Prozess aussieht. Der Stab über einem Menschen ist schnell gebrochen, heil kriegst du ihn nicht mehr. Gott aber wird das gebrochene Rohr aufrichten. Er allein schafft Heil.

Vierzig Jahre später macht sich der Evangelist Markus daran, das Geschehene aufzuschreiben. Er deutet es und gibt ihm damit seine Bedeutung. In nüchternen Worten kommt sein Evangelium daher, seine frohe Botschaft wird nicht zur Hassschrift. Doch wie schmal der Grad ist, wird ablesbar im Rückblick auf die, die sein Evangelium lasen. Ein Gedanke zieht durch sein Evangelium. Es ist der vom göttlichen Muss. Das ist der eckige Stein des Anstoßes bis heute (Jes 8,14; Röm 9,30–33), an ihm stießen sich schon seine Verwandten und Nachbarn (Mk 6,3), und bis heute ist er nicht aus unserem Lebensweg zu räumen. Gott sei Dank! Aber schauen wir genau hin und hören wir still zu.

2

Das Leben kann nur in der Schau nach rückwärts verstanden, aber nur in der Schau nach vorwärts gelebt werden, schrieb einst Sören Kierkegaard, der dänische Religionsphilosoph. In unseren Tagen klingt die Aneignung dieser Weisheit dann so: Das Leben wird vorwärts gelebt und rückwärts verstanden. Je weiter du dich von dem Objekt deiner Schau entfernst, desto kleiner wird es, scheint fast zu verschwinden, und du musst genau hinsehen, um Einzelheiten noch wahrnehmen zu können. Bei aller flüchtigen und groben Betrachtung stehst du in der Gefahr, selbst grob und flüchtig

zu werden. Für die Nuancen und Feinheiten braucht es Zeit und
geduldige Einsicht. Je näher du aber an dem Objekt deiner Schau
bist, desto weniger kannst du die ganzen Zusammenhänge wahrnehmen, siehst oft genug nur, was du sehen willst, und manchmal
gehen dir die Augen über, wenn du dich längst abgewendet hast,
um nicht zu sehen, was du nicht sehen möchtest, vor dem du aber
dennoch die Augen nicht verschließen kannst. Wie denn anders
könntest du verstehen, was doch so unverständlich ist, und begreifen, was doch so unbegreifbar ist.

3

Einer geht auf diesem Weg, ist ganz nah dran und dennoch nicht
der Betroffene. Mit seinen Worten hat er sich verpflichtend einge-
bunden (Mk 14,29.31), ist nicht geflohen wie alle anderen (Mk
14,50). Petrus heißt er, der Fels, und er ist neben Jesus der einzige,
dessen Name in dieser nächtlichen Szene genannt wird. Auf solche
Zeugen bist du angewiesen, wenn du dich erinnern willst, was da
einst geschah, um zu verstehen, was da war, damit du ins Leben
gehen kannst mit der Gewissheit, die Kraft gibt und Mut macht.
Die Erinnerung sucht nach Worten, um auszudrücken, was sich
tief in uns eingedrückt hat. Im Erzählen und Zuhören wird dem
Raum gegeben, was da war, und Menschen beginnen Gott an
unmöglichem Ort zu finden und ihn auch in dem Geschehen zu
entdecken, das wir längst mit dem Mantel der Vergesslichkeit
zudecken wollten. Nur wer sich um die erzählte Erinnerung versammelt und sich einbetten lässt in die Zeichen und Worte gemeinsamen Gottesdienstes, schafft Identität auf dem Jahrmarkt
der vielen Sinnangebote, erfüllt mit Sinn, was anderen längst sinnlos erscheint, kann sich in der eigenen Religion ein neues Zuhause
schaffen, weil er das Vergangene neu versteht, und muss damit
leben, dass seine Sicht abgewertet wird.
    Im Konflikt lebten sie, die vielen religiösen Gruppen im Juden-
tum zur Zeit Jesu, die Sadduzäer und Pharisäer, die Essener und
die Messiasgläubigen, die Christen genannt wurden, auch sie eine
jüdische Gruppe, und diese Christen waren mehr und stärker eine
jüdische Gruppe, als wir heute manchmal ahnen, aber in der Schau
zurück immer besser verstehen. Untereinander sparten die religiösen
Gruppen nicht mit Kritik und harten Worten. Von der religiösen
Elite in Jerusalem sprachen beispielsweise die Essener in Qumran

als von „denen, die nach glatten Dingen suchen" (Pescher Nahum, 4QpNah 3–4 III,6–8). Nur keinen Anstoß erregen, nur nichts zeigen, an dem man sich stoßen konnte, weil das die oberflächliche Ruhe störte, das ausbalancierte Kräfteverhältnis zwischen Römern und Juden durcheinanderbringen konnte, und das war lebensgefährlich. Realpolitik nennt man das. Aber ob sich der Geist Gottes an menschliche Realpolitik hält?

Im Konflikt lebten sie, die vielen religiösen Gruppen im Judentum zur Zeit Jesu und schreckten auch nicht vor Gewalt untereinander zurück. Die Leiden des Stephanus und Jakobus, der Tod Johannes des Täufers zeugen davon, die Geschehnisse im Jüdischen Krieg (66–73 n.Chr.) und eben auch der Kreuzestod Jesu. Bald reichte es nicht mehr aus zu erzählen, um das Geschehene zu verstehen. Deshalb begann als erster der Evangelist Markus das Geschehene aufzuschreiben. Das geschriebene Wort ist anders als das gesprochene. Zwar kann auch das gesprochene Wort nicht zurückgeholt werden, aber das geschriebene hast du schwarz auf weiß, kannst es getrost nach Hause tragen (J.W. Goethe). Aus dem erzählten Geschehen wird das verlesene und geglaubte Geschehen und du bist an das geschriebene Wort gebunden. Wie gut, sich auf Augenzeugen berufen zu können. Ein besserer als Petrus war da nicht zu haben, war er doch als der Fels selbst ins Wanken geraten. Auch den Märtyrertod war er in Rom gestorben, hatte mit seinem Blut für seinen Glauben bezahlt. Und war nicht Markus sein Dolmetscher? Das Geschehene aus erster Hand sozusagen, und deshalb wohl auch wird Petrus mit Namen in dieser Geschichte genannt.

4

Er folgt Jesus bis in den Palast des Hohenpriesters. Dessen Namen nennt Markus nicht. Die Evangelisten Matthäus und Johannes aber wissen, dass es Joseph war, der Kaiphas genannt wurde, und Kaiphas heißt „der Untersucher", „der Inquisitor". Schon an diesen beiden Worten merkst du, wie deine Gedanken in ganz unterschiedliche Richtungen gehen. Neutral klingt „der Untersucher". Aber was löst das Wort „Inquisitor" bei dir aus, erst recht dann, wenn du an die Inquisition im Namen Gottes und unseres Herrn Jesus Christus denkst, dieser kirchlichen Einrichtung der Befra-

gung bis zum Tode, wie es lange war? Die Namen der Untersucher
ändern sich, ihre Religionszugehörigkeit auch, ihr Ergebnis nicht.

Dort in dem Palast des Hohenpriesters findet das nächtliche
Verhör statt. Es wird wie ein Prozess geschildert und ist doch in
Wahrheit keiner, weil es nicht um Wahrheitsfindung geht und das
Urteil schon vorher feststeht: Sie suchten Zeugnis gegen ihn, dass
sie ihn zu Tode brächten, und fanden nichts (Mk 14,55). Einen
möglichen Grund nennt später der Evangelist Johannes (Joh
18,14) als Ausspruch von Joseph Kaiphas, dem Hohenpriester: „Es
ist besser, wenn einer stirbt, als das Volk!" Man muss das große
Ganze im Auge haben; um das Ganze zu retten, muss man Teile
opfern. Gängige Realpolitik auch in den Kirchen. Die Schau nach
rückwärts liefert uns Anschauungsmaterial genug und weist uns
auf ein unliebsames Detail hin: So sind wir, so handelt jeder von
uns, wenn er Macht hat. Nicht wir formen die Macht und das
Amt, Amt und Macht formen uns. Die Schau nach rückwärts ge-
währt uns keinen beruhigenden Ausblick in die Zukunft.

5

Zeugen treten auf, sollen dem Ganzen den Anstrich von Objektivität geben. Alles geht nach Recht und Gesetz. Aber es treten keine
Zeugen auf, die für den angeklagten Jesus reden. Gibt es sie nicht?
Vielleicht sind sie auch bloß nicht erwünscht oder hatten sich aus
Angst aus dem Staube gemacht. Die Augen- und Ohrenzeugen erinnern sich: Wir haben gehört, dass er gesagt hat. Sie sagen nicht,
ob sie es mit eigenen Ohren gehört haben oder ob sie es vom
Hörensagen kennen. Ihr Zeugnis lautet: Ich will diesen Tempel,
der mit Händen gemacht ist, abbrechen und in drei Tagen einen
anderen bauen, der nicht mit Händen gemacht ist (Mk 14,58).
Vor Gericht und auf hoher See bist du in Gottes Hand, sagt man
um auszudrücken, dass dort alles möglich ist. Aber damit alles
möglich ist, brauchst du unvoreingenommene Untersucher und
gute Augen- und Ohrenzeugen. Wenn nicht, dann erst erhält das
Bild von der Hand Gottes, in der du dich befindest, die tiefe Bedeutung, die Jesus im Ringen mit Gott annehmen konnte.

Was ist nun mit dem Zeugnis des Tempelabbruchs und seines
anderen Neubaus in drei Tagen? Auch der Leser des Markusevangeliums erinnert sich: Siehst du diese großen Bauten? Nicht ein
Stein wird auf dem anderen bleiben, der nicht zerbrochen werde

(Mk 13,2). Das waren Jesu Worte über den Tempel. Zwar hatte er
den täglichen Tempelalltag mit all seinen finanziellen Transaktionen
durcheinandergebracht und sich dabei auf die Propheten Jesaja
und Jeremia berufen: Mein Haus soll ein Bethaus sein für alle Völker. Was aber ist, wenn die religiöse Elite daraus eine Räuberhöhle
macht, eine Spelunke buchstäblich, und die Anbetung Gottes zum
effekthaschenden, verräucherten Event wird? Schon da vor ein
paar Tagen trachtete die religiöse Elite zum wiederholten Male danach, wie sie ihn umbrächten (Mk 11,18). Und jetzt ist es so weit.
Das ist das Ergebnis davon, „dass die Priester Gott in den Dienst
von Profit und Gewinn stellen, die Schriftgelehrten in den Dienst
von Ehrgeiz, Scheinheiligkeit und leerem Gerede" (Eugen Drewer-
mann). Auch hier findest du einen roten Faden durch die Zeiten;
in ähnlicher Lage werden wir es immer wieder tun und uns dabei
auf Gott berufen.

6

Jesus aber schweigt. Zurück gehen im Schweigen die Gedanken. In
der Erinnerung steigen die Worte jenes unbekannten Propheten
auf, fast sechshundert Jahre zuvor gesprochen und im Jesajabuch
aufbewahrt (Jes 53,7): „Als er gemartert ward, litt er doch willig
und tat seinen Mund nicht auf wie ein Lamm, das zur Schlachtbank geführt wird; und wie ein Schaf, das verstummt vor seinem
Scherer, tat er seinen Mund nicht auf!" Der leidende Gerechte
schweigt zu all den Anschuldigungen, die gegen ihn erhoben werden.
Es gibt dazu nichts zu sagen. Wer aber durchbohren lassen will, der
muss nachbohren, die kleinste Blöße suchen. Etwas wird und muss
sich schon finden lassen: Bist du der Christus, der Sohn des Hochgelobten? Mit einer Frage werden zwei Spiele eröffnet. Bist du der
Messias? Bist du der Sohn des Hochgelobten? Aber der Name Gottes kommt dem Hohenpriester nicht über die Lippen und darf
ihm nicht über die Lippen kommen.
   Wieder halten wir inne und erinnern uns an den Anfang, den
der Evangelist schildert: Dies ist der Anfang des Evangeliums von
Jesus Christus, dem Sohn Gottes (Mk 1,1). Dort in der Überschrift liegt der rote Faden für das ganze Evangelium: Jesus ist der
Christus, der Messias, der Sohn Gottes. Hatte nicht die Himmelsstimme bei Taufe und Verklärung die Gottessohnschaft proklamiert? Hatte nicht Petrus in seinem Bekenntnis offengelegt: Du

bist der Christus, der Messias (Mk 8,29)? Jetzt sitzt er im Hof und
wärmt sich, weil ihm kalt geworden ist.

In der Frage des Hohenpriesters ist all das gebündelt, was offen
oder verdeckt das ganze Evangelium durchzieht. Unreine Geister
(Mk 3,11; 5,7) hatten in ihrer Not die Gottessohnschaft Jesu erkannt und bekannt. Die Frage des Hohenpriesters ist kein Bekenntnis. Sie erwartet aber ein Bekenntnis, ist als Falltür gedacht,
und so wirkt sie auch. Jetzt antwortet Jesus und fügt einen weiteren
Titel hinzu, der auch das ganze Markusevangelium durchzieht. Es
ist der Titel Menschensohn, den schon der Prophet Daniel (7,18)
ankündigte und dessen Thronen zur Rechten Gottes der Psalm
110,1 verhieß: „Setze dich zu meiner Rechten, bis ich deine Feinde
zum Schemel deiner Füße mache!"

Zwei Worte besiegeln alles: Wer Jesus vor Gott ist und was er
deshalb in den Augen von Menschen ist. „Ich bin's", sagt er. Das
ist sein Bekenntnis als der Messias und Menschensohn zu seiner
Gottessohnschaft, und dieses Bekenntnis wird ihn ins Leiden, in
den Tod, aber auch in die Erhöhung durch Gott führen. So muss
es sein, wird Markus nicht müde zu betonen.

7

Das folgende Urteil braucht die große theatralische Geste, und
manchmal scheint es, dass die Gesten um so größer werden, je
dünner der Boden ist, auf dem wir stehen und uns bewegen. Doch
dabei vergessen wir allzu oft, dass wir uns dadurch der eigenen
Standfestigkeit und des eigenen Standpunktes berauben. Die
Theatralik wirkt nach außen. Aber was bewirkt sie in uns? Des
Todes schuldig. Alle sagen es, alle ohne Ausnahme. Da kannst du
gar nicht lange genug inne halten bei dem Wort „alle" und einen
Augenblick bedenken: Was wäre mit mir, stünde ich unter „allen"?
Petrus aber unten im Hof wärmt sich, weil ihm kalt geworden ist,
hat er doch sein besonderes Bekenntnis noch vor sich.

Oben jedoch kennt die Verachtung keine Grenzen mehr. Er, der
einst mit seinem Speichel heilte (Mk 7,33), wird nun angespuckt
und ist wie ausgespuckt aus der Gemeinschaft. Sein Angesicht, das
sich oft genug helfend Menschen zuwandte, wird verdeckt und geschlagen und der Hohn kommt hinzu. Aber der Evangelist klagt
die Täter nicht an, weist nicht mit dem Finger auf sie, gibt aber
einen Fingerzeig. Er schildert, was geschah, weil er wohl weiß, wie

nahe Täter und Opfer in uns wohnen. Vor allem aber weiß er, dass alles so kommen muss, und dieses „muss" bedeutet, dass es Gottes Weg ist: „Und er fing an, sie zu lehren: Der Menschensohn muss viel leiden und verworfen werden von den Ältesten und Hohenpriestern und Schriftgelehrten und getötet werden und nach drei Tagen auferstehen" (Mk 8,31). So kommt alles, wie es kommen muss, aber erst in der Schau nach rückwärts verstehen wir. Hoffentlich gibt uns der gläubige Blick zurück die Kraft und das Zutrauen, gläubig und voller Hoffnung in die Zukunft zu schauen. Hoffentlich.

> Du weißt den Weg ja doch, du weißt die Zeit,
> dein Plan ist fertig schon und liegt bereit.
> Ich preise dich für deiner Liebe Macht,
> ich rühm die Gnade, die mir Heil gebracht.
> Amen.
> *(Hedwig von Redern)*

Mk 14,53–65 – Gottesdienst

Lätare C

PSALM 84

BITTRUF

Und wenn sie euch hinführen und überantworten werden, so sorgt euch nicht vorher, was ihr reden sollt; sondern was euch in jener Stunde gegeben wird, das redet. Denn ihr seid's nicht, die da reden, sondern der Heilige Geist (Mk 13,11). Du aber, o Herr, erbarme dich unser.

KOLLEKTENGEBET

Weiß ich den Weg auch nicht, du weißt ihn wohl, das macht die Seele still und friedevoll.

Ist's doch umsonst, dass ich mich sorgend müh,
dass ängstlich schlägt das Herz, sei's spät, sei's früh.
Amen.
(Hedwig von Redern)

LESUNGEN
Joh 12,20–26
2Kor 1,3–7
Jes 54,7–10

GEBET
Allmächtiger Gott, oft genug führst du uns auf rauhe Wege.
Zögernd gehen wir sie und uns fehlt oft genug die Einsicht
in deine Wege. Aber dennoch gehst du mit uns und führst
uns zu dem Ziel, das vor uns liegt und uns zum Heil ist.
Auch in Bitterkeiten und Todesängsten bist du bei uns und
lässt nicht von uns. Dafür danken wir dir.

Herr Jesus Christus, schweigend erträgst du Anfeidung,
Hohn und Spott. Deine wenigen Worte aber treffen in Mark
und Gebein. Du bist unser himmlisches Vorbild hier auf
Erden, damit wir nicht überheblich werden und uns nicht
über andere Menschen erheben. Oft genug aber vergessen
wir, das drei Finger an der Hand, mit der wir mit einem
Finger auf andere zeigen, auf uns selbst verweisen. Deshalb
bitten wir dich, stehe uns in unseren Anfechtungen bei und
verlasse uns nicht.

Heiliger Geist, du göttliche Kraft in unseren Schwachhei-
ten, erscheine du uns und gib uns die Worte, die tragen und
nicht zerstören. Lass uns darauf bauen, dass du uns geben
wirst, was wir in deinem Namen sagen sollen und können.
Darum bitten wir dich. Amen.

LIEDER
Korn, das in die Erde (EG 98)
Jesu, meine Freude (EG 396)
Gib dich zufrieden (EG 371)
Herzliebster Jesu (EG 81)

Mk 14,3–9
Die Salbung in Bethanien

Anna Maria Schwemer

1. Zum Kontext

Zwei Tage vor dem Passafest fassen in Jerusalem die Hohenpriester und Schriftgelehrten, die an der Spitze des Volkes stehen, den Beschluss, jetzt möglichst rasch gegen Jesus vorzugehen und ihn an Pilatus auszuliefern, der ihn zum Tod am Kreuz verurteilen sollte.[1] Sie haben vor, Jesus auf jeden Fall heimlich festnehmen zu lassen, damit es in der Stadt nicht zu einer der berüchtigten blutigen Unruhen während des Festes käme; von solchen Vorfällen berichtet Josephus mehrfach.[2] Judas Iskariot löst dann das Problem der Hierarchen mit seinem Angebot, ihnen einen günstigen Zeitpunkt für die Verhaftung Jesu anzugeben.[3] Zwischen diesen Tötungsplan und das Angebot des Judas stellt Markus die Geschichte von der Salbung Jesu durch eine Frau in Bethanien.[4] Er konfrontiert auf diese Weise zwei verschiedene Reaktionen auf das Vorhaben der Hohenpriesterschaft: die Tat der unbekannten Frau, die die Bedeutung des bevorstehenden Todes Jesu erkannt hat, und den Verrat des Jüngers Judas, der wahrscheinlich von Jesus zutiefst enttäuscht war.

1 Mk 14,1–2; s. dazu M. Hengel/A.M. Schwemer, Jesus und das Judentum. Geschichte des frühen Christentums I, Tübingen 2007, 575–580. Abkürzungen richten sich nach: Abkürzungen Theologie und Religionswissenschaften nach RGG[4], hg. v. der Redaktion der RGG[4], UTB 2868, Tübingen 2006.
2 Josephus, Bellum 1,88: „Besonders bei den jüdischen Festen entzündet sich gerne ein Aufstand"; s. dazu weitere Belege in: M. Hengel/A.M. Schwemer, Jesus (s. Anm. 1), 558.
3 Mk 14,10–11.
4 Vermutlich hat Markus bewusst diese Erzählung hier eingefügt; vgl. M. Hengel/A.M. Schwemer, Jesus (s. Anm. 1), 580; J.A. Kelhoffer, A Tale of Two Markan Characterizations, in: S.P. Ahearne-Kroll/P.A. Holloway/J.A. Kelhoffer (Ed.), Women and Gender in Ancient Religions, WUNT 263, Tübingen 2010, 85–98 (87 Anm. 10).

Noch ein zweiter Kontrastbezug in der Komposition der Passionserzählung lässt sich hier erkennen. Der Perikope von der ano-
nymen Frau zu Beginn der eigentlichen, engeren Passionsgeschichte,
die mit 14,1 einsetzt, entspricht an deren Ende die Erzählung vom
Vorhaben der drei namentlich genannten Frauen Maria von Mag-
dala und Maria, der (Frau) des Jakobus, und Salome, die nach dem
Sabbat in der Frühe des ersten Tages der Woche die beim Begräbnis Jesu selbst unterbliebene Salbung des Leichnams mit *Aromata*,
das heißt Duftstoffen, nachholen wollen.[5] Die drei fliehen voller
Schrecken vom Grab, so wie zuvor schon alle Jünger geflohen sind,
weil sie das Grab leer fanden und der Botschaft und dem Auftrag
des Engels nicht glaubten. So endet das Evangelium mit dem Un-
gehorsam der Frauen, die schweigen und den Befehl des Engels
den Jüngern und Petrus nicht ausrichten.[6] Dagegen bleibt die Unbekannte und ihre Tat in rein positiver Erinnerung, ein umso auf-
fallenderer Zug im Markusevangelium, das gerade in der Passionsgeschichte auf dem zunehmenden Unverständnis und Versagen
der Jünger insistiert.[7]

Matthäus erzählt die Geschichte leicht gestrafft und kürzt, Lukas
dagegen verzichtet auf die markinische Salbung in Bethanien, weil er
die verwandte Geschichte vom Gastmahl im Hause des Pharisäers
Simon aufnimmt, bei dem die „große Sünderin" Jesus die Füße
mit ihren Tränen wäscht, den Haaren trocknet und mit Salböl salbt.
Johannes verwendet dann für seine Salbung in Bethanien sowohl

---

5   Vgl. A.M. Schwemer, Die Frauen am leeren Grab und die Auferstehung
    Jesu, in: H.–H. Auel (Hg.), Der rätselhafte Gott. Gottesdienste zu unbe-
    quemen Bibeltexten, Göttingen 2010, 137–148; J.A. Kelhoffer, Tale (s.
    Anm. 4), 85–98. Zwischen den beiden Perikopen Mk 14,3–9 und 16,1–8
    gibt es aber keine Übereinstimmung im Wortgebrauch für die Duftstoffe
    oder für den Salbungsvorgang.

6   Umstritten ist, ob der Evangelist sein Werk mit 16,8 beendet hat, oder ob
    nicht doch der ursprüngliche Schluss sehr früh verlorengegangen ist; s.
    A.M. Schwemer, Frauen (s. Anm. 5), 146–148.

7   J.A. Kelhoffer, Tale (s. Anm. 4), 85–98. Vgl. schon M. Hengel, Die vier
    Evangelien und das eine Evangelium von Jesus Christus. Studien zu ihrer
    Sammlung und Entstehung, WUNT 224, Tübingen 2008, 166: „das Un-
    verständnis, ja die sündige Gebundenheit der Jünger, und hier wieder
    besonders des Petrus, [wird] bei Markus fast noch schonungsloser hervor-
    gehoben … als bei Johannes." „Das Zeugnis von diesem sündigen Versagen
    stammt von Petrus selbst", der durch die Begegnung mit dem Auferstande-
    nen Vergebung erfuhr (Lk 5,8) und analog wie „Paulus auf die ‚Rechtferti-
    gung des Gottlosen' verweisen kann" (166 Anm. 480).

die markinische wie die lukanische Darstellung. Bei ihm befinden wir uns im Haus des Lazarus in Bethanien, den Jesus von den Toten auferweckt hatte, Martha „dient" bei Tisch und Maria salbt Jesu Füße mit einer überaus großen, wertvollen Menge von Duftöl.[8]

2. Die Handlung

2.1 Die Tat der Unbekannten

„3 Und als er in Bethanien, im Hause Simons des Aussätzigen, war, kam, als er zu Tische lag, eine Frau, die ein Albasterfläschchen mit Salböl, einer sehr kostbaren, duftenden (?) Narde, hatte. Sie zerbrach das Fläschchen und goss es aus über sein Haupt."[9]

Jesus folgt nach der Darstellung des Markus zu der Zeit, als die Hohenpriester seinen Tod planen, der Einladung zu einem Gastmahl im Haus Simons des Aussätzigen in Bethanien. Dieser Simon wird sonst nicht erwähnt. Er gehört zu den in der Passionsgeschichte des Markus erstaunlich häufig namentlich genannten Zeugen wie Bartimaios in Jericho (10,46–52) oder Simon von Kyrene, der gezwungen wird den Querbalken des Kreuzes zu tragen, weil Jesus selbst dazu zu schwach ist, und der von Markus nicht nach seinem Vater benannt wird (Sohn des XY) – wie es jüdischer Sitte entsprechen würde –, sondern nach seinen beiden Söhnen Alexander und Rufus, die in der römischen Gemeinde, in der Markus sein Evangelium geschrieben hat, bekannt gewesen sein müssen.[10] Weiter wird Joseph von Arimathia namentlich genannt, ein vornehmer Ratsherr, der den Leichnam Jesu bei Pilatus – wohl gegen eine Bestechungssumme, denn Markus spricht davon, dass Pilatus ihm die Leiche „geschenkt hat"[11] – frei bittet fürs Begräbnis

---

8 Mt 26,6–13; Lk 7,36–50; Joh 12,1–8. Bei Joh korrespondiert die Salbung durch Maria der durch Nikodemus bei der Bestattung mit der hundertfachen Menge an *aromata*; vgl. dazu u. S. 100 Anm. 115–117.

9 Mk 14,3.

10 Mk 15,21 vgl. Röm 16,3; s. dazu M. Hengel/A.M. Schwemer, Jesus (s. Anm. 1), 614; M. Hengel, Evangelien (s. Anm. 7), 241 und 141–158 (zu Entstehungszeit und Ort).

11 Dieses *dorein* „schenken" ist terminus technicus für die Übergabe aufgrund einer Bestechungssumme. Pilatus war bekannt für seine Erwartung und Annahme von solchen finanziellen Gegenleistungen; s. Philo, Legatio ad

und ihn bestattet (15,43–46). Schließlich erscheint die Gruppe der schon erwähnten Frauen jedesmal namentlich (15,40–41.47; 16,1). Johannes nennt daneben noch Nikodemus, „der zu ihm in der Nacht kam" (Joh 3,1–; 7,50), der mit einer wahrhaft königlichen Menge an Duftstoffen zur Bestattung beiträgt.[12]

Im Gegensatz zu Simon dem Aussätzigen hat die eigentliche „Heldin" der Perikope keinen Namen, sie gehört zu den Personen in der markinischen Passionsgeschichte, die anonym bleiben. Ihr entspricht der ohne Namen erwähnte Hausbesitzer, in dessen Haus Jesus mit seinen Jüngern das Passamahl isst, der unbekannte Schwertschläger in Gethsemane und der Jüngling, der ohne Gewand flieht.[13]

Diese unbekannte Frau, die nicht mit zu Tisch sitzt, tritt hinzu mit einem äußerst teuren Salböl, aus flüssiger duftender Narde[14], in einem Flakon aus Alabaster, „alabastron", was die besondere Kostbarkeit noch einmal unterstreicht, dem sie wohl den Flaschenhals abbricht, um das Duftöl über das Haupt Jesu zu gießen, und – wie es bei Johannes kommentierend heißt – das Haus wurde vom Duft erfüllt.[15] Normalerweise sind die Parfümfläschchen, von denen sich Reste in nahezu allen jüdischen Gräbern in Palästina aus der Antike gefunden haben, aus Ton und Glas.[16]

Caium 302 nennt an erster Stelle der vielen Laster des Pilatus seine Bestechlichkeit. Alle anderen Evangelisten verzichten auf diese negative Charakterisierung des Statthalters. Markus hat hier einen ursprünglichen Zug erhalten.

12 Joh 19,39–40; vgl. dazu u. S. 100 Anm. 115–117.

13 Mk 14,14–15; 14,47; 14,51–52.

14 Zur Übersetzung von *pistike* s. W. Bauer/K. und B. Aland, Griechisch-deutsches Wörterbuch zu den Schriften des Neuen Testaments und der frühchristlichen Literatur, Berlin/New York [6]1988, 1332: „echt, unverfälscht"; „eher mögl(ich) ist, daß sich in π. ein Name" einer Pflanze versteckt; vgl. H.G. Liddell/G. Scott/H.S. Jones etc., A Greek-English Lexicon. A New Edition, repr. Oxford 1961, 1408 s.v. gibt „liquid" zu unserer Stelle an, deutet also als „flüssige Narde"; vgl. weiter C. Hünemörder, Art. Nardos, Der Neue Pauly 8, 2000, Sp. 711.

15 Joh 12,3. Zu den Verhältnissen in Palästina vgl. M. Görg, Art. Alabaster, NBL 1, Sp. 71; weiter Plinius, nat. 13,3: „Beste Salben werden in Alabastergefäßen aufbewahrt"; vgl. Petronius, Satyrica 60,3 (zitiert u. Anm. 23).

16 S. dazu D. Green, Sweet Spices in the Tomb. An Initial Study on the Use of Perfume in Jewish Burials, in: Laurie Brink/Deborah Green (Ed.), Commemorating the Dead. Texts and Artefacts in Context. Studies in Roman, Jewish, and Christian Burials, Berlin/New York 2008, 145–173 (162 zu unserer Stelle).

EXKURS: PARFÜM BEIM GASTMAHL

Eine Salbung mit Öl gehörte auch im antiken Judentum zum festlichen Mahl. Erinnert sei vor allem an Ps 23,5, einen Vers, der besonders gut in die Situation nach dem Todesbeschluss gegen Jesus passt, und wo nach frühjüdischem und -christlichen Verständnis König David selbst von seinem gottgeschenkten Mahl und in der Gegenwart seiner – besiegten – Feinde spricht:

„Du deckest vor mir einen Tisch im Angesicht meiner Feinde, du salbest mein Haupt mit Öl, mein Becher ist reichlich gefüllt."[17]

Eine zusätzliche Steigerung der Ölsalbung beim Mahl bildet die Verwendung von duftender Narde. So spricht die „Braut" im Hohenlied:

„Solange der König in seiner Tafelrunde lag, verströmte meine Narde ihren Duft."[18]

Die spätere allegorische Auslegung bezog Hld 1,12 auf unsere Perikope und verstand „die Tat der Frau als Ausdruck einer ... mystischen Christushingabe"[19].

Beim eschatologischen Freudenmahl, das beim Anbruch der endzeitlichen Königsherrschaft Gottes auf dem Zion gefeiert werden wird, erwartete man im frühen Judentum neben dem festlichen Weingenuss für alle Völker eine Salbung mit kostbarem Duftöl, nicht nur mit einfachem Öl. So ergänzt die Septuaginta in Jes 25,6–7 das im hebräischen Text fehlende Salböl:

---

17 H. Spieckermann, Heilsgegenwart. Eine Theologie der Psalmen, Göttingen 1989, 271: „Das Bild von der fürstlichen Bewirtung des Beters durch Jahwe ... mit den drei altorientalischen Grundaspekten des Essens, Salbens und Trinkens stammt vermutlich aus königlicher Tradition". Vgl. Ps 45 (LXX 44),8–9 wird zum König gesagt: „Du hast Gerechtigkeit geliebt und Gesetzlosigkeit gehasst; deshalb hat dich Gott, dein Gott, mit Öl des Jubels gesalbt anstatt deiner Gefährten. Myrrhe und Aloe und Kassia (duften von) deinen Gewändern." Zur Septuagintaversion vgl. Septuaginta Deutsch. Das griechische Alte Testament in deutscher Übersetzung, hg. von W. Kraus/M. Karrer u.a., Deutsche Bibelgesellschaft, Stuttgart 2009, 796.

18 Hld 1,12; vgl. auch LXX: „Solange der König zu Tische lag, verströmte mein Nardenöl seinen Duft" (Übersetzung: Septuaginta Deutsch [s. Anm. 17], 1000); 4,13–14; Plinius, nat.15,30.

19 U. Luz, Das Evangelium nach Matthäus (26–28), EKK I/4, Düsseldorf/Zürich/Neukirchen-Vluyn 2002, 65.

„Sie werden Freude trinken, sie werden Wein trinken, sie werden sich mit Duftöl salben."[20]

Oder noch ein ganz anderes Beispiel: Der jüdische König Agrippa I. unterstützte Kaiser Claudius bei der Herrschaftsübernahme nach der Ermordung Caligulas, als der Senat wieder ohne einen Imperator regieren wollte, indem er sich Salböl über den Kopf goss und so vor den Senat trat, wie wenn er – völlig überrascht – gerade von einem Bankett aufgebrochen wäre, um sich ganz unbefangen zu erkundigen, was Claudius denn getan hätte.[21]

Für einen jüdischen König ist die Verwendung von Duftöl bei Mahl und Trinkgelage eine Selbstverständlichkeit; es entspricht ganz dem üblichen Luxus der römischen Oberschicht. Am Rande dieser adligen Gesellschaft stehen die steinreichen Freigelassenen im kaiserzeitlichen Rom. Petronius gießt über sie reichlich Verachtung und Spott aus, aber zeichnet in der Beschreibung des Banketts im Hause des Trimalchio wahrscheinlich ein recht lebensechtes Porträt dieser aus dem Osten des Reiches stammenden ehemaligen Sklaven, die nach ihrer Freilassung nun dank ihrer Herren und eigener Geschäftstüchtigkeit in unerhörtem Luxus leben, aber gesellschaftlich nicht anerkannt sind. Der Hausherr Trimalchio[22] inszeniert – vulgär, larmoyant und morbid zugleich – beim Gastmahl sein eigenenes Begräbnis.[23] In dieser *Cena Trimalchionis* findet man eine erstaunliche Anzahl von Motiv-Parallelen: Betont wird die Kostbarkeit des Duftstoffes, seine Verwendung sowohl beim Gastmahl wie bei der Bestattung, aber es kommt auch deutlich zum Ausdruck, wie sehr der kultivierte Römer Petronius die Verschwendungs- und Todessehnsucht des halbgebildeten Parvenüs

---

20 Für „Duftöl" wird wie in Mk 14,3 *myron* verwendet. Zur Übersetzung s. Septuaginta Deutsch (s. Anm. 17), 1251; vgl. M. Karrer, Der Gesalbte. Grundlagen des Christustitels, FRLANT 151, Göttingen 1990, 122.

21 Josephus, Antiquitates 19,239.

22 Der Name soll vermutlich semitische Herkunft andeuten; vgl. Malchos, den Knecht des Hohenpriesters in Joh 18,10; dazu T. Ilan, Lexicon of Jewish Names in Late Antiquity I, TSAJ 91, Tübingen 2002, 390–391: der Name Malchos/us abgeleitet von der semitischen Wurzel *mlk* „König" ist vor allem bei Arabern (Nabatäern und in Palmyra) belegt.

23 S. dazu P. Habermehl, Art. Petronius [5] P. Niger (Arbiter), Der Neue Pauly 9, 2000, Sp. 672–676 (673–674). Zu weiteren Belegen s. W. H. Groß, Art. Salben, KP 4, Sp. 1507–1509.

aus der Provinz verachtet.[24] Bei allen Berührungen in konkreten
Details könnte der Unterschied zwischen dem Mahl im Haus des
Trimalchio und dem im Hause des Simon nicht größer sein. Es
erscheint als ein eigenartiger Zufall, dass Petronius seinen Roman
in Rom in den Jahren vor 66 n.chr. verfasste, wo auch Markus
sein Evangelium etwa im Jahre 69 n.Chr. geschrieben hat. Bei allen
Unterschieden zwischen den Texten, zeigt der Vergleich, dass man
in Rom den reichlichen Gebrauch von Duftstoffen beim Begräbnis
als Sitte aus dem Osten kannte.

2.2 Der Widerspruch der Jünger

Bei der normalen Bevölkerung im jüdischen Palästina scheint der
großzügige Gebrauch von kostbarem Parfüm bei einem Gastmahl
völlig ungewöhnlich gewesen zu sein. Entsprechend reagieren die
Anwesenden:

„4 Einige aber waren empört bei sich selbst: ‚Wozu geschah diese Vergeudung des Duftöls? 5 Dieses Duftöl hätte für dreihundert Denare verkauft
werden und [der Erlös] den Armen gegeben werden sollen.' Und sie
schnauzten sie an."

24 Die *Cena Trimalchionis* bildet den Höhepunkt im Roman des Petronius
(Satyrica. Schelmengeschichten, Lateinisch-deutsch von K. Müller/W. Ebers,
Tusculum-Bücherei, München 1965, 49–161): c. 28,2 trieft Trimalchio
schon im Bad von Parfüm; c. 39,10 stellt Schlachter und Parfümhersteller
zusammen; c. 47,1 wäscht sich Trimalchio beim Betreten des Speisesaals
die Hände mit Parfüm (*unguento*); c. 60,3 wird ein riesiger Reifen von der
Decke herabgelassen, an dem u.a. Parfümflakons aus Alabaster hängen, die
die Gäste zum Geschenk erhalten; c. 65,6–7 hält ein weiterer Gast seinen
Einzug, bereits betrunken tropft ihm die Parfümsalbe über die Stirn in die
Augen; das erfährt eine weitere Steigerung in c. 70,8–8 *pudet referre quae
secuntur* („man schämt sich das Folgende zu berichten"): Es treten langhaa-
rige Knaben auf, die die Füße der Gäste bekränzen und mit Parfüm einrei-
ben und davon auch in Weinbehälter und Lampen schütten; c. 71,5 sollen
zu Füßen des Standbilds des Trimalchio in seinem Grabmal Kränze und
Parfümfläschchen abgebildet werden; c. 76,6 er wurde u.a. reich durch den
Import von Parfüm; c. 77,7 inszeniert Trimalchio schon seine Totenfeier und
befiehlt: „Bring auch das Parfüm her und eine Probe aus dem Fass (*am-
phora*) …, woraus man zum Waschen meiner Gebeine nehmen soll."
(Übersetzung Müller/Ehlers, 159); c. 78,2–3 äußert Trimalchio den Wunsch
mit Glanz und Gloria bestattet zu werden: „Dann machte er gleich das
Fläschchen mit Nardenessenz auf (*ampullam nardi aperuit*), betupfte uns
alle und sagte: ‚Ich hoffe, es kommt so, daß mir das im Tode ebenso wohl-
tut wie im Leben.'" (Übersetzung Müller/Ehlers, 159).

Den inneren Monolog der aufgebrachten Zuschauer und die grobe
Behandlung der Frau schreibt Markus nur „einigen" zu, aber die
Antwort Jesu richtet sich dann alle Jünger. Matthäus bezeichnet
die Protestierenden deshalb gleich eindeutig als „Jünger", Johannes
dagegen schreibt diese Reaktion allein Judas Iskariot und seiner
Geldgier zu.[25] Der Wert von dreihundert Denaren entspricht dem,
was ein Tagelöhner im Laufe eines Jahres verdient, und ist für kleine
Leute eine unglaublich hohe Summe.[26] Den zehnten Teil der Summe
erhält bei Matthäus Judas von den Hohenpriestern für seinen Verrat.[27]

2.3 Jesu Rechtfertigung der Frau

Jesus, der die Herzen kennt, versteht die Gedanken der Jünger und
weiß auch, welchen Sinn das Handeln der Frau hat.[28] Er nimmt sie
in seinen Schutz:

> „6 Jesus aber sagte: ‚Lasst sie in Ruhe! Warum macht ihr ihr Ärger? Sie hat
> ein gutes Werk an mir getan. 7 Denn Arme habt ihr alle Zeit bei euch und
> wann immer ihr wollt, könnt ihr ihnen Gutes tun, mich aber habt ihr
> nicht alle Zeit [bei euch]. 8 Sie tat, was sie konnte. Sie hat [es] vorwegge-
> nommen, meinen Leib für das Begräbnis zu salben.'"

Jesus tadelt das Verhalten der Jünger als völlig unangemessen, obwohl er selbst, nicht nur in der Feldrede des Lukas und in der
Bergpredigt des Matthäus die Armen selig preist, sondern auch im
Markusevangelium das Lob der Armen anstimmt und die Reichen
tadelt. Warum weist Jesus hier die Jünger so scharf zurück und lehnt
es ab, die Verschwendung zu unterbinden, um den Reichtum –
wenn er schon vorhanden ist – für die Armen zu spenden? Dem
reichen Jüngling hatte er doch den Vorschlag gemacht, sich auf
diese Weise von seinem Vermögen zu befreien und einen Schatz im

---

25 Mt 26,8; Joh 12,4–6.
26 Nach dem Gleichnis Mt 20,1–16 entspricht ein Denar dem täglichen
     Lohn eines Tagelöhners; an den Sabbattagen arbeitet er nicht.
27 Mt 26,15 „dreißig Silberlinge"; Mt verzichtet aber in 26,9 auf eine Zahlen-
     angabe.
28 Zum übermenschlichen Vorherwissen Jesu, der auch die Gedanken der
     anderen souverän durchschaut, s. M. Hengel/A.M. Schwemer, Jesus (s. Anm.
     1), 463–464. Mt 26,10 erwähnt ausdrücklich, dass Jesus „erkannte", was
     die Jünger sagten, obwohl sie in seiner Darstellung laut sprechen.

Himmel zu erwerben.[29] Weil er der eine wahre Arme ist, um den man sich nun kümmern muss?[30] Sicher nicht. Mit ihrem Hinweis auf die Armen und das Almosengeben als gutes Werk der Nächstenliebe zeigen die Jünger, dass sie die Situation nicht verstehen. Sie reagieren seit dem Messiasbekenntnis des Petrus in Caesarea Philippi und der ersten Leidensweissagung mit zunehmender Verständnislosigkeit, und obwohl auch sie mehrmals ihre eigene Bereitschaft zum Martyrium beteuern, tun sie schließlich das Gegenteil. Sie nehmen alle Anstoß am Verhalten Jesu und fliehen am Ende alle, nicht nur „einer von den Zwölfen" verrät Jesus, sondern auch Petrus verleugnet ihn.[31] Die Frau dagegen tat das Äußerste, „was sie konnte", weil sie die Bedeutung des bevorstehenden Leidens und des Todes Jesu erkannt hat. Sie hat zu diesem Zeitpunkt als einzige verstanden, dass das Sterben Jesu heilsnotwendig ist, wie es die drei Leidensweissagungen und Lösegeldwort bei Markus schon zuvor angekündigt haben:

„Der Menschensohn ist gekommen, nicht um für sich selbst Aufträge ausführen zu lassen, sondern um selbst einen Auftrag auszuführen und sein Leben als Lösegeld für die Vielen zu geben."[32]

29 Mk 10,17–27. Allerdings wird in Mk 14,3–9 nichts darüber gesagt, ob die Frau reich war.
30 So R. Pesch, Das Markusevangelium. II. Teil, HThK II/2, Freiburg i.Br. u.a. [3]1984, 335: „Die Opposition … [den Armen – mir], die Jesus als *den Armen* ausweist, dem jetzt das Liebeswerk der Totensalbung erwiesen werden muss, fügt sich passend zur Theologie vom leidenden Gerechten (Armen), welche die vormk Passionsgeschichte prägt." Aber nicht die „Theologie vom leidenden Gerechten" bestimmt die Passionsgeschichte, sondern die theologische Deutung des Geschehens durch die Auslegung von Ps 22 und Jes 53; J. Ratzinger/Benedikt XVI., Jesus von Nazareth. Zweiter Teil. Vom Einzug in Jerusalem bis zur Auferstehung, Freiburg u.a. 2011, 227–229 u.ö. nennt sie zurecht die „Grundtexte", die die Darstellung prägen. S. schon M. Hengel/A.M. Schwemer, Jesus (s. Anm. 1), 573–575: im Leidensbericht des Markus wurden vor allem solche Züge beibehalten, die sich mit alttestamentlichen Texten verbinden ließen. Anders konnte man diese allerschändlichste und grausamste Hinrichtungsart im Falle Jesu nicht verstehen, geschweige denn darstellen.
31 Mk 14,10–11parr; 14,18–21parr.; 14,27parr.; 14,29–31parr; 14,32–42parr.; 14,50–52parr.; 14,66–72parr. Vgl. dazu J.A. Kelhoffer, Persecution, Persuasion and Power. Readiness to Withstand Hardship as a Corroboration of Legitimacy in the New Testament, WUNT 270, Tübingen 2010, 203–205.217–222. Dazu auch o. Anm. 7.
32 Vgl. dazu P. Stuhlmacher, Biblische Theologie des Neuen Testaments. Band 1. Grundlegung. Von Jesus zu Paulus, Göttingen 1992, 120–122.128–130;

Deshalb salbt sie Jesus mit dem größten Aufwand, zu dem sie imstande ist, im Voraus für sein Begräbnis. Sie vollzieht dabei gewissermaßen eine prophetische Zeichenhandlung.[33] So wie Jesus die
Gedanken der Jünger lesen konnte, kennt er das Herz der Frau
und weiß, „wozu" sie so handelt. Während Jesus seit der ersten
Leidensankündigung mit dem Widerstand der Jünger gegen seinen
Weg in den Tod zu kämpfen hat, versteht diese namenlose Frau,
warum er dem Tod freiwillig entgegen geht und erkennt die Bedeutung seines Sendungsauftrags. Das Almosengeben an die Armen
gilt im antiken Judentum als gutes Werk, doch fast noch wichtiger
ist das Liebeswerk, sich um die Bestattung der Toten zu kümmern.[34]
Jesus kündigt hier nicht nur sein bevorstehendes Leiden an, sondern blickt voraus auf sein Begräbnis, bei dem wegen der Eile vor
dem Anbruch des Sabbats die Salbung dann unterbleiben musste.[35]
Dieser Zug sowie das als Amen-Wort formulierte Resumée zeigen,
dass das Geschehen aus der Sicht einer späteren Zeit, der des Evangelisten, geschildert wird.[36]

EXKURS: DUFTÖL BEIM BEGRÄBNIS

Ebenso wie beim feierlichen Festmahl war im antiken Palästina die
Verwendung von duftenden Ölen und Aromata beim Begräbnis
gebräuchlich.[37]

---

zum Verständnis von *diakonein* an dieser Stelle als „einen Auftrag ausfüh-
ren" im Zusammenhang mit der Sendungsvorstellung und der sonstigen
Wortbedeutung im NT s. A. Hentschel, Diakonia im Neuen Testament,
WUNT II/229, Tübingen 2007, 278–280.

33 A. Hentschel, Diakonia (s. Anm. 32), 230.–231.254 Anm. 335.

34 Damit steht die Geschichte von der Unbekannten in einem eigenartigen
Widerspruch zu dem radikalen Ruf Jesu in die Nachfolge: „Lass die Toten
ihre Toten begraben" (Mt 8,21–22; Lk 9,59–60).

35 Vgl. schon J. Wellhausen, Das Evangelium Marci, übersetzt und erklärt,
Zweite Ausgabe, Berlin 1909 (Nachdruck: J. Wellhausen, Evangelienkom-
mentare, Berlin/New York 1987), 109: „Auf späteres Alter der Perikope
weist auch der Umstand hin, daß Jesus hier nicht seinen Tod ankündt,
sondern sein Begräbnis voraussetzt und daß niemand sich darüber wunderte."

36 S. dazu u. Abschnitt 3.

37 Vgl. Mk 16,1parr.; Joh 19,39–40. Die Auskunft von M. Karrer, Der Gesalbte (s. Anm. 20), 183.201–202, dass es keinen Nachweis gebe für Ölsalbung von Toten im Palästina um die Zeitenwende ist irreführend.

In der Apokalypse des Mose, einer jüdisch-palästinischen Schrift, die wahrscheinlich gegen Ende des 1. bzw. zu Beginn des 2. Jahrhunderts n.Chr. verfasst wurde, hat sich eine Beschreibung zur Leichenpflege bei der Bestattung erhalten.[38] Sie bildet die nächste Parallele zu den Schilderungen des Begräbnisses Jesu in den Evangelien. Hier ordnet Gott selbst die Vorbereitung für das erste Begräbnis eines Menschen an:

„Danach sprach Gott zum Erzengel Michael: ‚Gehe in das Paradies im dritten Himmel und bringe drei Sindonen[39], leinenweiße und syrisch-rote'. Und Gott wies Michael und Gabriel und Uriel an, den Leib Adams zuzurüsten, und Gott sprach: ‚Breitet die Sindonen aus und bedecket den Leib Adams, und bringet Öl von dem wohlriechenden Öl und gießt (es) über ihm aus!' Und es rüsteten ihn die drei großen Engel zu."[40]

Im Unterschied zu dem Idealbegräbnis Adams erhält Jesus bei seiner Bestattung durch Josef von Arimathia bei Markus nur eine Sindone, aber in beiden Fällen wird der Wohlgeruch des Öls unterstrichen, das Jesus bei Markus schon im Voraus zur Vorbereitung seines Begräbnisses erhält. Am Ort von Adams Grab im Paradies bringen die Engel als Grabbeigaben dann zusätzlich noch „viele Parfüme und legten sie in die Erde".[41] Das wiederum erinnert an das Vorhaben der drei Frauen am Morgen des ersten Tages der Woche in Mk 16,1–8parr.

38 S. dazu die ausgezeichnete Untersuchung von J. Dochhorn, Die Apokalypse des Mose. Text, Übersetzung, Kommentar, TSAJ 106, Tübingen 2005, 149–172; 523–527.

39 Vgl. Mk 15,46parr; 14,51–52. Es handelt sich um Leinengewänder bzw. Leinentücher, die auch zur Bekleidung von Toten dienten. Der hebräische Begriff für dieses feine Leinen ist *sadin*, s. M. Jastrow, A Dictionary of the Targumim, the Talmud Babli and Yerushalmi, and the Midrashic Literature, Philadelphia 1903 (Nachdruck in einem Band: Israel ohne Jahreszahl), 957; vermutlich entspricht die griechische Bezeichnung *sindon*, Plural *sindona*, dem hebräischen etymologisch; s. weiter dazu Dochhorn, Apokalypse des Mose (s. Anm. 37), 525.

40 40,1–2; Text und Übersetzung s. Dochhorn, Apokalypse des Mose (s. Anm. 38), 523–527.

41 40,7; Text und Übersetzung s. Dochhorn, Apokalypse des Mose (s. Anm. 37), 541. Der Legende nach bewahrte Salomo das Gold und die kostbaren Duftstoffe, *aromata*, die die Königin von Saba ihm mitgebracht hatte, im von ihm errichteten Königsgrab in Jerusalem auf, und dort blieben sie über die Jahrhunderte erhalten; s. VitProph 1,8; dazu A.M. Schwemer, Studien zu den frühjüdischen Prophetenlegenden. Vitae Prophetarum I, TSAJ 49, Tübingen 1995, 146.150–152.

Wie oben schon erwähnt, lässt Johannes diesen Dienst Nikodemus am Leichnam Jesu vollziehen. Er hatte bei der Schilderung der Fußsalbung, die Maria an Jesus vollzog, die Begründung beibehalten, dass sie dies tat, um ihn zeichenhaft für sein Begräbnis vorzubereiten, und Judas hatte sich über die Verschwendung von einer „Litra" des kostbaren Salböls, empört.[42] Der vierte Evangelist kontrastiert die Salbung in Bethanien am erzählerischen Beginn seiner Leidensgeschichte mit der Bestattung durch Joseph von Arimathia und Nikodemus am Ende. Auch bei ihm bilden wie bei Markus die Salbungsgeschichten die erzählerische Klammer.

„Was Maria in Bethanien proleptisch an Jesus getan hat, das vollenden nun Joseph und Nikodemus. Statt einer Litra, deren Wert Judas auf dreihundert Denare schätzte, verwenden sie nun deren hundert!"[43]

Johannes unterstreicht durch die gesteigerte Mengenangabe der Duftstoffe, die um das hundertfache multipliziert wird, dass hier wirklich der „König der Juden" begraben wird – und zwar würdig mit den Ehren, die ihm zukommen. Die Abweichungen, die Johannes gegenüber dem markinischen Bericht über Passion und Begräbnis Jesu vornimmt, zeigen, dass Johannes darauf Wert legt, dass Jesus als messianischer König „nach der Sitte der Juden" bestattet wurde.[44] Die Salbung durch die unbekannte Frau bei Markus ist nicht so zu verstehen, dass Jesus damit zum königlichen „Christus", „Gesalbten", geweiht werden sollte.[45] Die Berufung zum Messias erfährt er in seiner Vision bei der Taufe durch Johannes im Jordan, das ist sozusagen seine „Messiasweihe" als Geistgesalbter schlechthin.[46] Aber die Verwendung des kostbaren Duftöls für die Bestattung trägt auch bei Markus königlich-messianische Züge.

---

42 Joh 12,3–6; das Maß *litra* (= Pfund) entspricht 327,45 gr.; vgl. weiter H. Thyen, Das Johannesevangelium, HNT 6, Tübingen 2005, 549–551.754.

43 H. Thyen, Johannesevangelium (s. Anm. 42), 754.

44 H. Thyen, Johannesevangelium (s. Anm. 42), 755, der zu Recht darauf verweist, dass im Leichenzug von Herodes I. die *aromata* für das Begräbnis von 500 Sklaven getragen wurden (Josephus, Antiquitates 17,199).

45 S. schon R. Pesch, Markusevangelium (s. Anm. 30), 332 Anm. 10.

46 S. dazu M. Hengel/A.M. Schwemer, Jesus (s. Anm. 1), 320–322.

3. Der Schluss: Amen-Wort, die weltweite Verkündigung des Evangeliums und „zu ihrem Gedächtnis"

Die seltsame Geschichte von der Salbung in Bethanien, die wohl letztlich auf ein historisches Ereignis zurückgeht, uns aber nur in der Deutung durch die Evangelisten erhalten ist, schließt mit einer starken Betonung, die durch das „Achtergewicht", das auf dem *Amen-Wort* liegt, hergestellt wird. Mit diesem Amen-Wort unterstreicht der Evangelist, dass Jesus selbst die Bedeutung dieses Geschehens und sein Weiterwirken angekündigt hat.

„9 Amen aber, ich sage euch, wo immer das Evangelium verkündigt wird in der ganzen Welt, wird auch erzählt werden, was sie getan hat, zu ihrem Gedächtnis."

Das nichtresponsorische „Amen" ist eine Besonderheit in den Evangelien, wo es immer im Munde Jesu erscheint. Diese Verwendung von „Amen" geht zurück auf eine typische Sprachform Jesu, die von den Evangelisten aber auch eingesetzt und nachgeahmt wird, um einer Aussage besonderes Gewicht zu verleihen.[47] Die Beteuerung durch ein Amen-Wort Jesu ist der Geschichte sekundär zugewachsen, denn es setzt die weltweite Mission voraus, die erst mit der paulinischen Heidenmission beginnt. Es ist aus dem Rückblick und aus der Situation der Kirche zur Zeit der Abfassung des Evangeliums formuliert, als Paulus bereits den „Wendepunkt des Westens", das heißt Spanien, als Missionar besucht und danach in Rom – vermutlich zusammen mit Petrus und vielen anderen im Zusammenhang mit der neronischen Verfolgung – das Martyrium erlitten hatte.[48]

Das Wort *„euangelion"*, „frohe Botschaft", verwendet Markus siebenmal redaktionell in seinem Werk. Das ist kein Zufall und der Begriff ist ihm wichtig. Es erscheint zum ersten Mal in der Überschrift:

47 M. Hengel/A.M. Schwemer, Jesus (s. Anm. 1), 265.504–555.
48 M. Hengel, Evangelien (s. Anm. 7), 161–164; M. Hengel/A.M. Schwemer, Jesus (s. Anm. 1), 216–222. 1Clem 5,1–6,2; 5,7: Paulus „lehrte die ganze Welt Gerechtigkeit und kam bis zum Wendepunkt des Westens (*terma dyseos*) und legte vor Herrschern Zeugnis ab; so schied er aus der Welt und gelangte an den heiligen Ort". Der „Wendepunkt des Westens" bedeutet in der agonalen Sprache dieses Abschnittes, dass Paulus nach Spanien kam und nach Rom zurückkehrte. Auch Mk 13,10 blickt auf die neronische Verfolgung zurück und setzt die weltweite Mission voraus.

„Anfang des Evangeliums von Jesus Christus, dem Sohn Gottes" (1,1),

dann ein zweites und drittes Mal in der Beschreibung des Beginns des öffentlichen Wirkens Jesu in 1,14–15:

„Nachdem Johannes ausgeliefert worden war, kam Jesus nach Galiläa und verkündete das Evangelium Gottes und sprach: Die Zeit ist erfüllt und das Reich Gottes ist nahegekommen. Kehrt um und glaubt dem Evangelium."

Zum vierten Mal wird es bei der Aufforderung zum Martyrium in 8,35 wie ein Hendiadyoin verwendet:

„Wer aber sein Leben verlieren wird um meinetwillen und um des Evangeliums willen, der wird es erhalten".

Beim fünften Mal erscheint wieder die enge Verbindung zwischen Jesus und seiner Botschaft „um meinetwillen und um des Evangeliums willen", aber nun im Zusammenhang mit dem Lohn für die Nachfolge (10,28–30):

„Niemand verlässt Haus, Brüder oder Schwestern oder Mutter oder Vater ... um meinetwillen und um des Evangeliums willen, der nicht hunderfach wiederempfängt".

Der sechste Beleg in der markinischen Apokalypse (Mk 13,10) betont, dass die Gläubigen bevor die Wehen der Endzeit eintreten in Bedrängnis geraten, sie in den Synagogen geschlagen und vor Herrschern und Königen um Jesu willen Zeugnis ablegen müssen, sie aber vor der Parusie weltweit das Evangelium verkündet haben werden:

„Aber allen Völkern muss zuvor das Evangelium verkündigt werden."

Schließlich bildet unsere Stelle die siebte und letzte Erwähnung von *euangelion*.[49] Hier unterstreicht Markus, dass wo immer das Evangelium verkündet wird in aller Welt, auch von der Unbekannten und ihrer Tat gesprochen und diese im Gedächtnis bleiben wird. An diesen beiden letzten Stellen spricht Markus vom Ver-

---

49 Der sekundäre Markusschluss (16,15) nimmt diesen Aspekt der universalen Mission noch einmal auf. Vgl. dazu J.A. Kelhoffer, Miracle and Mission, WUNT II/112, Tübingen 2000, 189–192 und Index 514 zu Mk 16,15.

kündigen des Evangeliums im Blick die weltweite Mission.[50] In 13,10 wird gewissermaßen schon der universale „Skopus der Salbungsgeschichte" vorbereitet,[51] die ihrerseits der erzählerische Beginn der Leidensgeschichte ist, auf die das ganze Werk des Markus hinzielt.

Noch ein weiterer Gesichtspunkt ist im Zusammenhang mit der Salbungsgeschichte wichtig. Im Zentrum des christlichen Gottesdienstes stand die *Erinnerung* an Jesu Worte und Taten. Im Dienste dieser Erinnerung stand auch die Abfassung der biographischen Schriften, die zur Verlesung im Gottesdienst – nicht nur für die konkrete Ortsgemeinde, sondern weltweit in allen Gemeinden – geschrieben wurden und die nach dem Vorbild des Beginns des Werkes des Markus dann den Titel und die Bezeichnung „Evangelien" erhielten. In diesem Sinne schreibt dann Matthäus, „dass wo immer *dieses* Evangelium verkündigt wird, auch das erzählt wird, was sie getan hat, zu ihrem Gedächtnis." Vermutlich denkt Matthäus, weil er das Demonstrativum hinzusetzt, an dieser Stelle an die Verlesung der Salbungsgeschichte im Gottesdienst.[52]

Mk 14,9 führt – wie schon betont – in die Gegenwart des Evangelisten und ist ein Beleg dafür, dass die Verkündigung des Evangeliums weiterhin vor allem mündlich geschah. Dabei hatte Markus sein Werk selbst für die Verlesung im Gottesdienst verfasst; es soll den Gemeinden zeigen „wer Jesus wirklich war (und ist), worauf ihr Heil gründet"[53]. Gleichzeitig lebte die mündliche lebendige Verkündigung, die *viva vox*, weiter, die sich auf die Erinnerung der besonderen Autorität der Apostel stützte. Im Falle des Markusevangeliums war dies nach der altkirchlichen Überlieferung Simon Petrus, der Jünger, der als erster und als letzter namentlich in diesem Werk genannt wird.[54] Mit der Erinnerung der Augenzeugen war zugleich das Gedenken an bestimmte Personen, Orte und Situationen, das „*Gedächtnis*", verbunden. Dafür ist in den Evangelien

---

50 Vgl. Lk 24,47; Mt 26,13; 28,19; Joh 17,20–21; 20,21; Apg 1,8; Röm 15, 19–24; dazu M. Hengel, Evangelien (s. Anm. 7), 185–186.

51 M. Hengel, Evangelien (s. Anm. 7), 164 (mit Anm. 474).

52 Mt 26,13; vgl. M. Hengel, Evangelien (s. Anm. 7), 162–163.

53 M. Hengel/A.M. Schwemer, Jesus (s. Anm. 1), 221–222 (Zitat: 222).

54 M. Hengel, Der unterschätzte Petrus. Zwei Studien, Tübingen 2006; M. Bockmuehl, The Remembered Peter, WUNT 262, Tübingen 2010, passim.

unsere Perikope einer der wichtigen Belege[55] innerhalb der Passionsgeschichte, in der die Begrifflichkeit „Erinnern" und „Gedächtnis" besonders oft verwendet wird. Schon die alttestamentliche
Überlieferung pflegte dieses „Gedenken" an die Heilstaten Gottes.[56]
Dieses „Gedenken" setzt sich im Neuen Testament fort, denn die
„anamnetische Tradition und Kultur hat auch das Christus-Zeug-
nis … bestimmt."[57] Dies gipfelt in dem Befehl zur Anamnese in
der Abendmahlsüberlieferung.[58] Das Gedenken an die Tat der
namenlosen Frau soll nicht nur ihre Treue und ihre große Liebe[59]
zu Jesus in Erinnerung behalten, sondern dass sie es war, die als
einzige die Bedeutung des Todes Jesu damals erkannt hatte.

55 P. Stuhlmacher, Anamnese. Eine unterschätzte hermeneutische Kategorie,
    in: W. Härle u.a. (Hg.), Befreiende Wahrheit. Festschrift für Eilert Herms
    zum 60. Geburtstag, Marburg 2000, 23–38 (28): „Die anamnetische Kul-
    tur wird auch in der Evangelienschreibung wirksam. Dies zeigt die Rede
    vom ‚Gedächtnis' … der anonymen Frau, die Jesus in Bethanien gesalbt
    hat". Vgl. M. Bockmuehl, New Testament Wirkungsgeschichte and the
    Early Christians Appeal to Living Memory, in: L.T. Stuckenbruck/S.C.
    Barton/B.G. Wold (Ed.), Memory in the Bible and Antiquity, WUNT 212,
    Tübingen 2007, 341–368 (356–357). Die Deutung, es gehe um das "Ge-
    denken vor Gott" (vgl. Apg 10,4.31), weist in die verkehrte Richtung;
    gegen R. Pesch, Markusevangelium (s. Anm. 30), 334.
56 Vgl. Dtn 5,15; 7,18; 8,2.18; 9,7 etc.; dazu M. Bockmuehl, New Testament
    (s. Anm. 55), 356. Der Ägyptologe Jan Assmann bezeichnete das Deute-
    ronomium „als Gründungstext einer Form kollektiver Mnemotechnik, die in
    der damaligen Welt etwas vollkommen Neues darstellte", s. J. Assmann,
    Das kulturelle Gedächtnis, München ²1999, 212; zustimmend zitiert von
    P. Stuhlmacher, Anamnese (s. Anm. 55), 25.
57 P. Stuhlmacher, Anamnese (s. Anm. 55), 27.
58 Lk 22,19; 1Kor 11,24.
59 Vgl. zur Auslegungsgeschichte U. Luz, Matthäusevangelium (s. Anm. 19),
    62–68.

Predigt und Gottesdienst

Hans-Helmar Auel

Mk 14,3–9 – Predigt

1

Noch zwei Tage bis zum Passafest. Die Spannung steigt. Die Zahl der Gläubigen auch, die sich auf in die Stadt Jerusalem gemacht haben. Spürbar ist die Hektik und das ungeduldige Warten der Menschen ist mit Händen zu greifen. Am Ende werden viele Hände zugegriffen haben, und doch wird so manches unbegreifbar bleiben.

In dieser spannungsgeladenen Atmosphäre finden sich die Hohenpriester und Schriftgelehrten zusammen und fassen einen Beschluss (Mk 14,1–2). Mit List wollen sie Jesus ergreifen. Ihn zu töten ist das Ziel. Die Spitzen des Volkes möchten aber die Spannung des Volkes nicht zur Entladung bringen. Das Passafest soll nicht mit Mord und Todschlag belastet werden. Der Schein des Festes ist hell genug, Glanz für manche Augen, Blendwerk für viele Augen. Da braucht es listiges Vorgehen, um ja keine Störung hervorzurufen.

Noch zwei Tage bis zum Passafest. Listenreich sind sie unterwegs, die Hohenpriester und Schriftgelehrten. Berufsbezeichnungen tragen sie, die sie anonym bleiben lassen. In der Gruppe lässt es sich leicht verstecken und die Hand zur Zustimmung ist schnell gehoben, weil sich ja alle Hände heben. Die Richtung ist vorgegeben, keiner tanzt aus der Reihe, alle folgen, und später will es keiner gewesen sein. Der Zwang der Gruppe ist auch in religiösen Kreisen zu Hause, und die krummen, listenreichen Wege sagen der Geradlinigkeit Adieu. So ist das Tor zum Leiden und Sterben Jesu weit geöffnet. Namenlose Hohepriester und Schriftgelehrte haben es geräuschlos aufgemacht, damit kein Knarren und Quietschen sie verrät. Alles läuft wie geschmiert. Unter dem Deckmantel von Feier und Spaß, von Brot und Spielen lässt sich viel verbergen, doch Gott schreibt auch auf krummen Linien gerade.

2

Noch zwei Tage bis zum Passafest. Jesus zieht in Betanien in Simons
Haus ein, geräuschlos, in aller Stille, und Simon hatte die Lepra.
Aussatz nennen wir die Krankheit in unserer Sprache, geben ihr
damit zugleich einen gesellschaftlichen Rang, und der ist ganz
unten. Ausgesetzt von der Gesellschaft mussten viele Leprakranke
ihr Dasein fristen, waren ausgestoßen aus dem sozialen Netzwerk,
waren körperlich und seelisch Gezeichnete. Dort, ausgerechnet dort,
lag Jesus zu Tisch mit anderen und mit Simon dem Aussätzigen.
Zu Tisch liegen heißt gemeinsam essen und trinken, miteinander
reden und einander zuhören. In diesem Gelage im buchstäblichen
und besten Sinne wird ein Miteinander und Füreinander spürbar.

Ein Mann bekommt einen Namen und ein Gesicht, und sein
Gesicht ist gezeichnet. Simon heißt er, wie Simon Petrus und wie
Simon von Kyrene, und er ist einer derer, die in der Passionsge-
schichte des Markus namentlich genannt werden.

In dieser häuslichen Geborgenheit und Intimität erscheint eine
Frau, unbekannt und namenlos. Woher sie kam, wird nicht gesagt.
Ihr Name wird nicht genannt. Aber was sie tut, prägt sich jedem
Anwesenden tief ein und ruft mehr als ein Echo hervor. Ein Fläschchen trägt sie mit sich. Was es aus Ton? Was es gar aus Glas? Sie
zerbricht das Fläschchen. Kostbares Nardenöl ist in ihm. Duftet es
und erfüllt mit seinem Duft gar den ganzen Raum, wie später der
Evangelist Johannes (12,8) zu berichten weiß? Über Jesu Haupt
gießt sie dieses Öl. Das salbungsvolle Handeln der Frau wird nicht
von salbungsvollen Worten begleitet, ihm gehen keine salbungsvollen Reden voraus und folgen auch keine. Für einen Augenblick
ist es so, als würde die Zeit still stehen und Raum geben den alten
Psalmworten (Ps 23,5), die aus der Tiefe der Erinnerung aufsteigen:

> Du bereitest vor mir einen Tisch im Angesicht
> meiner Feinde.
> Du salbest mein Haupt mit Öl und schenkest mir voll ein.

Die Menge der Feinde hat ihren Todesbeschluss schon gefasst, der
Tisch im Hause Simons ist gedeckt und den voll eingeschenkten
Kelch wird Gott nicht von Jesus nehmen (Mk 14,36). Wortlos
agiert die namenlose Frau, doch ihr Tun spricht Bände, weckt
alte Bilder tiefer Geborgenheit und Vertrautheit und ruft fast Ver-

gessenes aus dem Land der Erinnerung zurück ins Gedächtnis. Es ist, als erwachten in diesem Augenblick die Zeichenhandlungen des Propheten Jeremia und nähmen uns mit hinein in das göttliche Bild, das der Prophet Jesaja (Jes 25,6.7) für die Zukunft verheißen hatte. Jetzt schien es Wirklichkeit zu werden:

> Sie werden Freude trinken, sie werden Wein trinken,
> sie werden sich mit Duftöl salben.

Eigentlich möchte man diesen Augenblick festhalten, seine ganze Kraft und seinen ganzen Glanz genießen und in sich aufnehmen, in der Stille, den Atem anhaltend.

3

Wenn aber der angehaltene Atem freigelassen wird, verdichtet er sich oft genug zu Worten. Oft genug aber zerstören Worte den himmlischen Augenblick und erden ihn in der von Menschen gestalteten Zeit. Einige werden unwillig, tuscheln erst untereinander, brummen, fahren die Frau an, und wenn du angefahren wirst, geht es oft nicht ohne Verletzungen und Schäden ab. Einige sind es, bleiben anonym, können sich in der Gruppe verbergen, und ihre Namen erfährst du nicht. Für Matthäus sind die Brummer die Jünger. Der Evangelist Johannes aber weiß, dass es allein Judas Iskariot in seiner Geldgier war und gibt dem Widerspruch einen Namen und ein Gesicht.

Es ist so, als bewahrheite sich das alte Sprichwort immer wieder: Tue, was du willst. Die Leute reden doch! Wie immer, wenn ein Mensch etwas vor den Augen der anderen tut, werden sie heimlich oder offen sein Handeln beurteilen. Es gibt aufbauende Kritik und niedermachende Kritik. Von Vergeudung ist die Rede, von Zweckentfremdung des kostbaren Salböls. Nicht auf das Haupt Jesu habe es zu fließen – eine königliche Geste, eher habe Geld zu fließen, wenn man es verkaufte. 300 Denare hätte es eingebracht, den Jahreslohn eines Tagelöhners. Was hätte man mit dieser Summe nicht alles Gutes tun können! Wie vielen Armen wäre damit geholfen worden! „Kirchenfenster machen nicht satt", war der Kommentar eines Mannes, als in einer Kirchengemeinde über 25.000 Euro für neue Buntglasfenster mit biblischen Motiven gespendet wurden. Alles wiederholt sich. Unter der Sonne geschieht nichts Neues. Kann man nicht das eine tun ohne das andere zu unterlassen? Hat

nicht Alles seine Zeit? Unterliegen die Güte und die Großzügigkeit
des Handelnden dem Urteil des nichthandelnden Zuschauers?
Oder erwacht der Widerspruch gerade da, wo längst verstummte
Saiten zum Erklingen gebracht wurden? Wir wissen doch, was zu
tun ist. Wir reden darüber, was man tun muss. Die Frau tut das
gute Werk und redet nicht. Dabei wird noch nicht einmal etwas
über den Reichtum oder die Armut der namenlosen Gütigen gesagt. Aber für den zehnten Teil der Summe wird Judas seinen
Herrn verraten (Mt 26,15).

4

Jesus greift ein und gebietet den Nörglern Einhalt. Lasst sie in
Frieden. Lasst sie machen. Schafft durch eure Nörgelei keinen Un-
frieden. Schon Wilhelm Busch ("Schein und Sein") machte sich
auf die Nörgelei seinen Reim:

> Nörgeln ist das Allerschlimmste,
> Keiner ist davon erbaut;
> Keiner fährt, und wär's der Dümmste,
> Gern aus seiner werten Haut.

Was die Frau tut, ist wie das gleichmäßig dahinfließende Wasser.
Eure Nörgelei wühlt alles auf. Was eben noch klar war, wird trübe,
die Gedanken, das Herz, die Seele. Schon der Prophet Hesekiel
(Hes 13,22) mahnte: Ihr habt das Herz der Gerechten betrübt, die
ich nicht betrübt habe, spricht Gott der Herr. Es braucht Zeit, bis
sich alles wieder klären und setzen kann, aber manchmal versinken
wir in der aufgewühlten Betrübnis und dann bleibt unser Blick ein
Leben lang betrübt. Also, was betrübt ihr sie und bereitet ihr Müh-
sal, macht das, was in ihren Augen klar ist, so undurchsichtig und
trübe? Man kann Zuneigung als Verschwendung ansehen. Aber
was bleibt dann noch? Sie hat ein gutes Werk getan, fügt Jesus
hinzu. Ihrer Hände Werk erscheint in einem noch ganz anderen
Licht, wenn wir erst hören werden, was die Hände anderer mit
seinem Körper anrichten und wie sie ihn zurichten werden.
     Das ist Jesu Urteil über das Tun der unbekannten Frau. Es ist
ein gutes Werk, dem buchstäblich Schönheit innewohnt. Dem
Grund der Kritik der angeblichen Geldverschwendung hält er die
Schrift als Spiegel vor (5Mose 15,11): Arme habt ihr allezeit bei
euch! Die Armut höret nimmer auf, auch nicht die Möglichkeit zu

helfen. Diese Frau tut Gutes und redet nicht darüber. Unter uns jedoch hat ein anderes Motto Konjunktur: Tue Gutes und rede darüber. Und dein Name wird in aller Munde sein, „Lobesodol" (Georg Kreisler) eingeschlossen. Aber wie das dann sein wird, sagt dir vorher keiner.

Einen Namen hat die Frau und er wird dennoch nicht genannt. Ihre Zuneigung hat einen tiefen Grund und ein Ziel. Bedeutend ist diese Frau nicht, aber was sie tut, ist bedeutend. Ihr Tun erhält in der Deutung Jesu seine Bedeutung: Sie hat meinen Leib im Voraus gesalbt für mein Begräbnis. Das aber sehen die Anwesenden nicht in dem prophetischen Zeichen der Frau, können es nicht sehen und wollen es auch nicht.

Jesus blickt voraus auf sein Begräbnis. Dann aber wird wegen des bevorstehenden Sabbats keine Zeit mehr sein, seinen toten Körper zu salben. Das werden erst drei Frauen früh am ersten Tag der Woche in Angriff nehmen und es doch nicht mehr ausführen können, weil Gott ihn nach seinem Leiden und Sterben erhöht hat und alles im Lichte Gottes erscheint. Aber die Namen dieser drei Frauen werden genannt (Mk 16,1).

5

Denn einen Toten verscharrt man nicht anonym, versammelt ihn hingegen zu den Vätern und Müttern. Ein gutes Werk ist das Almosengeben für die Armen, ein gutes Werk aber ist im besonderen die sorgfältige Zärtlichkeit bei der Bestattung.

In der „Apokalypse des Mose", einer Schrift aus der Zeit der vier Evangelien, ist es Gott selbst, der die Vorbereitung für das Begräbnis des ersten Menschen anordnet. Die Erzengel Michael, Gabriel und Uriel sollen mit drei Leinengewändern, weißen und syrisch-roten, den Leib Adams bedecken und wohlriechende Öle über ihm ausgießen. Wir ahnen etwas von der Bedeutung der Bestattung zu Jesu Zeiten. Oder ist es vielleicht so, dass die Bedeutung der Bestattung wieder in Erinnerung gerufen werden musste?

Mit dem prophetischen Zeichen der Frau, das Nardenöl auf Jesu Haupt zu gießen, wird die Bedeutung des Sterbens und Begrabenwerdens vorabgebildet. Der in seiner Taufe durch Johannes den Geist Gottes empfing, ist sichtbar der Messias, der Gesalbte. Gott erhöht ihn und alles geschieht uns zum Heil.

6

Noch einmal richtet Jesus unser Augenmerk auf die unbekannte
Frau. Mag auch ihr Name vergessen sein, was sie tat, wird keiner
vergessen, denn es ist ein unverzichtbarer Teil der frohen Botschaft,
des Evangeliums, ein Ausdruck, an dem Markus so viel liegt. Weltweit wird das Evangelium gepredigt werden, weltweit wird von der
unbekannten Frau und ihrem prophetischen Zeichen gesprochen
werden. Weltweit werden Menschen beim Hören dieser Frau gedenken und sie im Gedächtnis behalten. War sie doch die Einzige,
welche die Bedeutung des Todes Jesu schon damals erkannte. Viele
jedoch verstanden Jesu Weg durch das Leiden und in den Tod
nicht. Das leere Grab aber wurde zum Zeichen, dass Gott ihn erhöht hat. Da begann so mancher zu verstehen und sich zu erinnern. So wurde die Erinnerung an Jesu Worte und Taten zum
Zentrum des christlichen Gottesdienstes, in dem auch die Erinnerung an die stille Tat der namenlosen Frau bewahrt wurde. Es ist
die stille Anbetung, eingebettet in die Zeichen von Öl und Wasser,
Brot und Wein, die mehr redet als all die vielen dem Zeitgeist
geschuldeten Worte. Amen, sagt Jesus dazu, und Martin Luther
verdolmetscht: Das ist gewisslich wahr.

Mk 14,3–9 – Gottesdienst

Palmarum III

PSALM 69

BITTRUF

Allmächtiger Gott, du salbest mein Haupt mit Öl und
schenkest mir voll ein (Ps 23,5b), denn du erbarmest dich.

GEBET

Du hast mit deiner Lieb erfüllt
Mein Adern und Geblüte,
Dein schöner Glanz, dein süßes Bild
Liegt mir stets im Gemüte.
Und wie mag es auch anders sein:
Wie könnt ich dich, mein Herzelein,
Aus meinem Herzen lassen?

*(Paul Gerhardt: Ich steh an deiner Krippen hier, Strophe 2,
nicht aufgenommen in EG 37)*

In alle Ewigkeit.
Amen

LESUNGEN

Joh 12,12–19
Phil 2,5–11
Jes 50,4–9

GEBET

Allmächtiger Gott, in der Stille nähern wir uns dir, vertrauen
auf deine gnädige Hand und befehlen all unser Tun und
Lassen deiner Güte. Du hast einen jeden von uns auf seinen
Lebensweg gestellt. Auch unsere Umwege verstellen nicht
das Licht, das du für uns ausgestellt hast. Führst du uns
durch rauhe Wege, gib uns auch die nötige Pflege, damit wir
nach Hause finden.

Herr Jesus Christus, in der Stille nähern wir uns dir und
deinem Leidensweg, den du für uns gegangen bist bis hin in
den Tod. Wir verstehen oft nicht, weshalb und wozu das

alles so sein musste. Und doch ahnen wir, was du für uns getan hast und wie nahe du uns doch bist gerade dann, wenn uns am allerbängsten ist. Deshalb vertrauen wir darauf, dass du der Weg bist zu unserem ewigen Heil.

Heiliger Geist, in der Stille lassen wir uns anfüllen von deiner Stärke, die gerade in unserer Schwachheit so mächtig wird. In der Stille wächst, womit du uns anfüllst. Du bist wie der Ariadnefaden durch das Labyrinth des Lebens. Du bist der Trost in unserer Bedrängnis. Du gibst uns schon heute eine Ahnung von dem, was dereinst sein wird. Dafür danken wir. Amen.

LIEDER

Herzliebster Jesu, was hast du verbrochen (EG 81)
Ich grüße dich am Kreuzesstamm (EG 90)
Korn, das in die Erde (EG 98)
Der Herr ist mein getreuer Hirt (EG 274)
Wie lieblich schön, Herr Zebaoth (EG 282)
Schönster Herr Jesu (EG 403)

Mt 27,33–50
Der gekreuzigte Sohn Gottes

Andreas Lindemann

Mt 27,33–50 im Kontext des Evangeliums

Die Passionsgeschichte des Matthäusevangeliums beginnt unmittelbar nach der letzten der fünf großen Reden Jesu (Mt 23–25, vgl. 26,1): Jesus spricht von seiner unmittelbar bevorstehenden Kreuzigung (26,2). Matthäus schließt sich in der Darstellung des Ablaufs des nun folgenden Geschehens – Salbung in Bethanien, Abendmahl, Gethsemane, Prozess vor dem Hohen Rat und Verurteilung, zugleich Verleugnung des Petrus – nahezu vollständig der Vorlage an, die er im Markusevangelium fand.[1] Im Anschluss an den Bericht über die Auslieferung Jesu an Pontius Pilatus (27,2) nimmt er aber zwei größere Veränderungen vor: In 27,3–10 wird der Tod des Judas geschildert[2], und in 27,19.24–25 erwähnt Matthäus, wie sich Pilatus und dessen Ehefrau vergeblich um die Freilassung Jesu bemühten. Der Bericht von der Kreuzigung folgt, nicht anders als bei Markus, der Schilderung der Verspottung Jesu durch die Soldaten (27,27–31); auf dem Weg aus der Stadt hinaus wird Simon von Kyrene gezwungen, das Kreuz Jesu zu tragen (V32).

Der Erzählfaden in Mt 27,33–50 entspricht im wesentlichen Mk 15,22–37. Eine deutliche Differenz findet sich erst danach: Bei Jesu Tod ereignet sich nicht nur, wie bei Markus, das Zerreißen des Tempelvorhangs (27,51a), sondern es geschieht ein Erdbeben, in dessen Verlauf sich Gräber in Jerusalem öffnen und Verstorbene in der Stadt „erscheinen" (27,51b-53, ohne Parallele bei Mk). Erst dann folgt das Zeugnis des Hauptmanns und der Soldaten, Jesus sei der Sohn Gottes gewesen (27,54). Nach der Szene der von den Frauen beobachteten Beisetzung Jesu (Mt 27,57–61 entsprechend Mk 15,42–47) folgt der nur von Matthäus überlieferte und wohl

---

1 Mt 26,2–27,2 weist gegenüber Mk 14,1–15,1 keine wesentlichen Differenzen auf.

2 Davon erzählt auch Lukas, allerdings in einer stark abweichenden Darstellung (Apg 1,18f.).

von ihm redaktionell geschaffene Bericht über die vor Jesu Grab
aufgestellten Wachen (27,62–66; vgl. 28,11–15).

Erzählstruktur, Personen, Zeitablauf

Die in Mt 27,33–50 gegebene Schilderung der Ereignisse entspricht grundsätzlich Mk 15,22–37.[3] Matthäus hat nur gering-
fügige Änderungen vorgenommen; aber wir müssen natürlich seinen ganzen Text lesen, denn auch wo er unmittelbar Markus folgt,
handelt er als eigenständiger Schriftsteller. Der Ablauf des Geschehens, das mit der Ankunft am Ort „Golgotha" einsetzt (V33) und
mit Jesu Tod endet (V50), lässt sich klar gliedern: Nach der Orts-
angabe und dem Hinweis auf einen Jesus dargereichten bitteren
Trank (V33.34) wird die Tatsache der Kreuzigung in äußerster
Kürze erwähnt (V35a).[4] Dann folgt die etwas ausführlichere Beschreibung der Verlosung der Gewänder Jesu, verbunden mit dem
Hinweis, die dabei handelnden Personen („sie") seien „dort" geblieben (V35b.36); V37 zufolge haben sie überdies eine Schrifttafel über dem Kopf des Gekreuzigten angebracht. In V38 wird
schließlich gesagt, zwei Räuber seien zusammen mit Jesus gekreuzigt worden.

Nach dieser Vorstellung der äußeren Szenerie berichtet Matthäus
in V39–43 von ironischen, Jesus verspottenden Aussagen, die zufällig Vorübergehende und auch die anwesenden religiösen Autoritäten machen und die in wörtlicher Rede zitiert werden; danach
folgt (V44) der Hinweis, auch die Mitgekreuzigten hätten sich
daran beteiligt. In V45 notiert der Erzähler eine in der Mittags-
stunde beginnende, drei Stunden während Finsternis.

Im letzten Textabschnitt (V46–50) ändert sich das Erzähltempo
deutlich, insofern das Geschehen jetzt geradezu in „Echtzeit" erzählt wird: Jesus ruft nach Gott (V46), die Umstehenden reagieren
mit raschem Handeln (V47–49), doch Jesus stirbt mit einem
wortlosen Schrei (V50).

---

3 Die Veränderungen, die Lukas vorgenommen hat (Lk 23,33–46), sind er-
   heblich gravierender.
4 Die Aussage beschränkt sich auf die partizipiale Wendung *staurōsantes
   auton,* der Hauptsatz spricht von der Verlosung der Kleider Jesu.

Der in Mt 27,33–50 erzählte Ablauf des Geschehens

Die Handlung beginnt mit der Ankunft auf Golgotha (V33).[5] Dieser Name, der samt der von Matthäus aus dem Markusevangelium übernommenen Erläuterung („Schädelplatz"[6]) später symbolisch gedeutet worden ist, verdankt sich wohl nur den äußeren topographischen Gegebenheiten; durch die Übersetzung soll aber den Leserinnen und Lesern offenbar die Vorstellung vermittelt werden, es handele sich um eine unheimliche, kultisch unreine Stätte.[7] Wer die handelnden Personen sind („sie"), wird nicht gesagt; außer Jesus selber sind es natürlich die zuletzt in 27,27 erwähnten Soldaten (Matthäus schreibt, anders als Mk 15,16, ausdrücklich: „die Soldaten des Statthalters"), dazu natürlich auch Simon von Kyrene (V32), der im folgenden aber nicht mehr erwähnt wird, sowie wohl auch die zuletzt in V20ff. ausdrücklich genannten religiösen Autoritäten (vgl. V41).

Nach V34 soll Jesus Wein trinken, der mit „Galle" vermischt ist. Damit nimmt Matthäus offenbar auf Ps 69,22 Bezug („Gift gaben sie mir zur Speise und Essig zu trinken für meinen Durst", vgl. Mt 27,48); während der in Mk 15,23 erwähnte mit Myrrhe gewürzte Wein offenbar als ein Mittel der Schmerzbetäubung zu verstehen ist[8], denkt Matthäus offensichtlich an ein Element der Folter und der Verspottung. Die Aussage „er wollte nicht trinken" könnte anzeigen, dass Jesus zum Trinken gezwungen werden sollte; jedenfalls ist allein an dieser Stelle von einer Handlung Jesu die Rede.[9]

---

5 Aus V32 geht hervor, dass man sich außerhalb der Stadt befindet.

6 Eigentlich bedeutet das zugrundeliegende aramäische Wort nur „Schädel", vgl. Lk 23,33.

7 Vgl. W.D. Davies/D.C. Allison, A Critical and Exegetical Commentary on the Gospel According to Saint Matthew. Vol. III. Commentary on Matthew XIX-XXVIII (ICC), Edinburgh 1997, 612.

8 Der Talmud-Traktat Sanh 43a spricht davon, „daß man dem zur Hinrichtung Hinausgeführten einen Becher Wein mit etwas Weihrauch vermischt reiche, damit ihm das Bewußtsein verwirrt werde, wie es heißt: *gebt Rauschtrank dem, der am Untergehen ist, und Wein solchen, deren Seele betrübt ist*" (Der Babylonische Talmud, neu übertragen durch L. Goldschmidt, Band VIII, Berlin 1933, 630f.).

9 Da das griech. Wort *cholē* auch „Gift" bedeuten kann, soll an dieser Stelle vielleicht suggeriert werden, man habe Jesus zu einer raschen Selbsttötung verhelfen wollen (so eine Erwägung bei Davies/Allison, Matthew III, 613).

Die Aussage über den Vollzug der Kreuzigung ist in V35a in einem partizipialen Nebensatz in äußerster Kürze formuliert (*starōsantes de auton*, vgl. Mk 15,24); alle mit dem schrecklichen Geschehen verbundenen Details bleiben unerwähnt. Im Zentrum steht (V36b) die bei einer Hinrichtung übliche Verlosung der Kleider, die als deutliche Anspielung auf Ps 22,19 („Sie teilen meine Kleider unter sich und werfen das Los um mein Gewand") formuliert ist. Jesus wird also nackt gekreuzigt, und so wird seine völlige Hilflosigkeit und Entehrung unmittelbar vor Augen geführt.[10] Durch den biblischen Bezug wird deutlich, dass Jesus als der unschuldig leidende Gerechte zu verstehen ist. Über Markus hinaus wird in V36 gesagt, „sie" hätten sich im Anschluss an die Verlosung hingesetzt und Jesus „dort bewacht" – als drohe die Gefahr, dass der Gekreuzigte zu fliehen versuchen oder der Körper nach Eintritt des Todes unbemerkt entfernt werden könnte.[11] Die für den von Markus erzählten Ablauf der Ereignisse wichtige Angabe, Jesus sei „in der dritten Stunde" gekreuzigt worden, hat Matthäus weggelassen.[12]

In V37 schreibt Matthäus (mit einigen Änderungen gegenüber Mk 15,26), „sie" hätten über Jesu Kopf eine Schrifttafel, den *titulus*, angebracht; darauf war die gegen Jesus gerichtete Anklage zu lesen: „Dies ist Jesus der König der Juden".[13] Dass solche erklärenden Aufschriften bei einer Kreuzigung üblich gewesen seien, ist nicht zu belegen[14]; zumindest die von Matthäus gewählte Formulierung zeigt überdies, dass die Aussage des *titulus* aktuell von der unmittelbaren Textebene her zu verstehen ist und gerade nicht als ein Routinevorgang gilt.[15]

---

10 Vgl. dazu H.-H. Auel, Der nackte Christus. Das Kruzifix in der Bonifatius-Kirche Harle, in: ders. (Hg.), Jesus der Messias. Gottesdienste zur Messiasfrage, Göttingen 2011, 170–172.

11 Vielleicht ist dieses Element im Zusammenhang mit 27,62–66; 28,11–15 zu sehen; das Stichwort „bewachen" wird auch in 27,54 verwendet.

12 Davies/Allison, Matthew III, 614 Anm. 36 halten es für möglich, dass Matthäus die Zeitangabe als unzutreffend angesehen haben könnte.

13 Markus notiert nur das Vorhandensein des *titulus*, der lediglich die Aufschrift trägt: „Der König der Juden".

14 Davies/Allison, Matthew III, 615 meinen, dass man sich gerade deshalb an den *titulus* erinnert habe, weil seine Anbringung außergewöhnlich gewesen sei.

15 Noch deutlicher ist dies natürlich in der in Joh 19,19–22 gegebenen Darstellung, wo die (dreisprachige!) Inschrift ja geradezu werbenden Charakter hat.

Die auf der Schrifttafel gegebene Information, der zwischen zwei Räubern (vgl. V 38) gekreuzigte Jesus sei „der König der Juden", ist aus der Perspektive derer, die die Kreuzigung vollzogen hatten, natürlich Spott und Verhöhnung – nicht nur gegenüber Jesus, sondern vor allem auch gegenüber den Juden, als deren „König" der Gekreuzigte zynischerweise bezeichnet wird. Auf der Ebene des Matthäusevangeliums besitzt die Bezeichnung Jesu als „König der Juden" aber noch einen anderen Akzent: In Mt 2,2 hatten die „Magier aus dem Osten" ausdrücklich nach dem neugeborenen „König der Juden" gefragt, wobei für die Leser klar war, dass es sich dabei um eine für Jesus zutreffende Bezeichnung handelt, wie es dann ja auch sofort durch die in 2,4–6 erfolgende Identifikation mit dem Christus-Titel bestätigt wird. Matthäus hatte außerdem bei Jesu Einzug in Jerusalem das Verheißungswort aus Sach 9,9 („Siehe, dein König kommt zu dir") als ein Erfüllungszitat eingeführt (21,4f. im Unterschied zu Mk 11,9f.[16]), so dass Pilatus in 27,11 durchaus kontextgemäß die Frage stellen konnte: „Bist du der König der Juden?", während die Frage in Mk 15,2 ja völlig überraschend kommt, weil Jesus im Markusevangelium niemals zuvor mit dem Titel „König" bezeichnet worden war. Die Bezeichnung des Gekreuzigten als „König" passt zu der in 27,29 geschilderten Verspottung des mit Dornen „gekrönten" Jesus als „König der Juden".

Über die beiden zusammen mit Jesus gekreuzigten Räuber (V 38) wird nichts Näheres gesagt. Möglicherweise handelt es sich um eine Anspielung auf Jes 53,12, wo über den Gottesknecht gesagt wird, er habe „sein Leben dem Tod hingegeben und sich den Übeltätern zurechnen" lassen; in Lk 22,37 ist dieses Schriftwort ausdrücklich zitiert, freilich als Wort Jesu und nicht im Zusammenhang der Beschreibung des Geschehens.[17] Der Historiker Flavius Josephus bezeichnet die auch mit terroristischen Mitteln gegen Rom kämpfenden Zeloten in seinen Werken als „Räuber"; dass Matthäus die beiden als Zeloten im eigentlichen Sinne cha-

---

16 Markus kennt die Tradition von Sach 9,9, wie die Szene mit dem Esels-füllen Mk 11,2–7 zeigt; aber der Königstitel begegnet in Mk 11 nicht.

17 Viele spätere Handschriften haben das Zitat im Markusevangelium (15,28) nachgetragen.

rakterisieren will, ist allerdings im Text nicht angedeutet.[18] Die Erwägung, dass der Hinweis, die beiden Räuber seien „zur Rechten und zur Linken" Jesu gekreuzigt worden, auch eine ironische Nachbemerkung zu Mt 20,20–23 impliziere, ist wenig wahrscheinlich; die Szene über die Bitte der Söhne des Zebedäus ist überdies bei Matthäus gegenüber Mk 10,35–40 deutlich verändert.[19]

In V39–44 ändert sich der Stil des Berichts – es wird ausführlicher erzählt als das bis dahin der Fall gewesen war; V39–40 und V41–43 sind dabei offenbar bewusst ganz parallel gestaltet. Die zufällig vorbeikommenden Passanten „lästern" Jesus (V39); mit dem religiös qualifizierten Begriff *blasphēmein* soll offenbar der vom Hohenpriester in 26,65 gegen Jesus vorgebrachte Vorwurf der „(Gottes-)Lästerung" zurückgegeben werden: Nicht Jesus ist es, der Gott lästert, sondern das tun im Gegenteil diejenigen, die den gekreuzigten Jesus ablehnen. Dass sie dabei „ihre Köpfe schütteln", entspricht der Verspottung des Gerechten in Ps 22,8 („Alle, die mich sehen, verspotten mich, verziehen den Mund und schütteln den Kopf"), ohne dass aber ein Schriftzitat im eigentlichen Sinne vorliegt (vgl. Mk 15,29). Das Kopfschütteln signalisiert nicht Verständnislosigkeit, sondern es bringt ein Verwerfungsurteil zum Ausdruck.[20]

Die in V40 in wörtlicher Rede zitierte Aussage der Vorübergehenden, Jesus habe die Zerstörung und den Wiederaufbau des Tempels angekündigt, nimmt die Worte der Zeugen in dem Prozess vor dem Hohen Rat auf (Mt 26,61)[21]; darüber, woher „die Vorübergehenden" davon etwas wissen können, macht sich der Erzähler keine Gedanken. Gemeint ist jedenfalls: Wenn du behauptest, du

---

18 Nach Mk 14,48/Mt 26,55/Lk 22,52 sagt Jesus zu den ihn verhaftenden Soldaten, sie seien „wie gegen einen Räuber" ausgezogen; Lukas bezeichnet die zusammen mit Jesus Gekreuzigten als „Übeltäter", nicht als „Räuber".

19 Bei Matthäus bitten nicht Jakobus und Johannes selber um die Ehrenplätze, sondern ihre Mutter bittet für sie.

20 Vgl. Klgl 2,15: „Alle, die vorübergehen [!], klatschen in die Hände, pfeifen und schütteln den Kopf über die Tochter Jerusalem: Ist das die Stadt, von der man sagte, sie sei die allerschönste, an der sich alles Land freut?"

21 Das Tempelwort ist bei Matthäus weniger deutlich als in Mk 14,57f. als eine falsche Aussage gekennzeichnet; in Mk 14,58 war es schon zuvor (V57) ausdrücklich als „falsches Zeugnis" bezeichnet worden (vgl. V56), in Mt 26,60 ist dagegen zunächst zwar ebenfalls von falschen Zeugen die Rede, doch das wird über die, die dann das Tempelwort bezeugen (V61), nicht noch einmal ausdrücklich gesagt.

seist zu derartigen Leistungen fähig, solltest du doch imstande
sein, dich selber zu retten. Auf der Ebene des Erzählers Matthäus
und seiner Leserinnen und Leser ist natürlich das Wissen um die
tatsächlich erfolgte Zerstörung des Tempels vorausgesetzt; aber ein
Zusammenhang dieses Ereignisses mit dem Tod Jesu wird hier
nicht hergestellt.[22]

Nur bei Matthäus begegnet zusätzlich die Wendung: „Wenn du
der Sohn Gottes bist". Die syntaktische Zuordnung dieses Bedin-
gungssatzes ist nicht eindeutig: Ob sich der Satz zurückbezieht auf
das Tempelwort und auf die Aufforderung „Rette dich selbst", oder
ob er nach vorn verweist („Wenn du der Sohn Gottes bist, dann
steig herab vom Kreuz"), lässt sich kaum sagen.[23] Deutlich ist, dass
die Bemerkung an die Versuchungsgeschichte anknüpft, wo der
Teufel Jesus mit eben diesen Worten zu einer Wundertat verführen
will (4,3.6). Die Lästerungen des Gekreuzigten durch die Vorübergehenden entsprechen also der teuflischen Versuchung, der Jesus
einst ausgesetzt gewesen war.

In V41 wird gesagt, „ebenso" hätten auch die an Jesu Verurteilung beteiligten jüdischen Autoritäten ihn verspottet, „die Hohen-
priester mit den Schriftgelehrten und Ältesten" (V41, vgl. 16,21/
Mk 8,31; 26,57[24]). Das Verb *blasphēmein* wird jetzt vermieden,
und anders als die zuvor erwähnten Vorübergehenden sprechen die
Autoritäten nicht direkt zu Jesus, sondern sie reden über ihn (V42a):
„Andere hat er gerettet, sich selbst vermag er nicht zu retten."
Diese Worte sind aus ihrer Sicht natürlich ironisch gemeint; aber
den Lesern ist klar, dass das von ihnen Gesagte tatsächlich der
Wahrheit entspricht.[25] Auch sie fordern zynisch (V42b), Jesus solle
vom Kreuz herabsteigen, da er doch „der König Israels" sei; als

---

22 Dass Matthäus einen solchen Zusammenhang kennt, zeigt seine Fassung
des Q-Gleichnisses vom Großen Gastmahl (Mt 22,1–10).

23 Hier liegt auch ein textkritisches Problem vor: Die Codices Sinaiticus, A, D
lesen „*und* steig herab vom Kreuz", in der Mehrzahl der Handschriften,
darunter Codex B, fehlt das *kai* jedoch.

24 Wenige Handschriften nennen neben den Hohenpriestern und den Schriftgelehrten anstelle der Presbyter die Pharisäer; diese waren freilich im
Zusammenhang des Prozesses nicht erwähnt worden, wohl aber werden
sie dann in 27,62 wieder aktiv. In der Parallele Mk 15,31 werden nur die
„Hohenpriester und die Schriftgelehrten" genannt, obwohl nach 14,43.53;
15,1 auch „die Ältesten" am Prozess beteiligt waren.

25 Das Verb „retten" begegnet in Wundererzählungen (vgl. vor allem Mt 9,21ff.),
es könnte aber durchaus im eigentlichen Sinne „soteriologisch" gemeint sein.

Juden sprechen die Autoritäten nicht vom „König der Juden", sondern vom „König Israels", also vom Messias. Dass sie nur dann an ihn zu glauben bereit sind, wenn er „jetzt" (*nyn*) vom Kreuz herabsteigt, kennzeichnet gerade ihren Unglauben; denn Jesus ist ja gerade als der Gekreuzigte der Messias.

Bis zu dieser Stelle war Matthäus weithin der Markusvorlage gefolgt (Mk 15,29–32a). Dann jedoch fügt er in V43a ein zwar nicht als solches markiertes, aber doch deutlich identifizierbares Schriftwort an, durch das die in V39 begonnene Anspielung auf Ps 22 fortgeführt wird. Die religiösen Autoritäten sagen: „Er hat Gott vertraut; der erlöse ihn nun[26], wenn er Gefallen an ihm hat." Das aber sind die Worte, mit denen nach Ps 22,8 der leidende Gerechte von seinen Widersachern verhöhnt wird; sie sagen: „Er klage es dem Herrn, der helfe ihm heraus und rette ihn, wenn er Gefallen an ihm hat."[27] Indem sich die religiösen Autoritäten nach Mt 27,43 dieser Worte bedienen, zeigen sie, dass sie auf der Seite derer stehen, die den Gerechten verhöhnen; sie selber merken das nicht[28], aber die Leser des Matthäusevangeliums erkennen es.

Die in V43b über Ps 22,8 hinaus angefügte Erläuterung: „Denn er hat gesagt: Ich bin Gottes Sohn" erinnert an V40 („Wenn du Gottes Sohn bist"), sie ist aber vor allem wohl auch eine indirekte Aufnahme von Weish 2,13b.18–20, wo die Worte der Feinde des Gerechten „zitiert" werden. Nach Weish 2,12 stacheln sie sich selber gegen den Gerechten auf: „So lasst uns dem Gerechten auflauern; denn er ist uns lästig und widersetzt sich unserm Tun und schilt uns, weil wir gegen das Gesetz sündigen, und hält uns vor, dass wir gegen die Zucht verstoßen", und dann sagen sie (2,13): „Er behauptet, Erkenntnis Gottes zu haben, und rühmt sich, Gottes Kind zu sein." Nach 2,18–20 setzen sie dann ihren Plan in die Tat um, wobei sie sagen: „Ist der Gerechte Gottes Sohn, so wird er ihm helfen und ihn erretten aus der Hand der Widersacher. Durch Schmach und Qual wollen wir ihn auf die Probe stellen, damit wir erfahren, wie viel er ertragen kann, und prüfen, wie geduldig er ist."

---

26 Das von Matthäus in das Zitat eingefügte *nyn* entspricht V42.

27 Anstelle von HERR (*kyrios*) in Ps 22,8 LXX verwendet Matthäus in V43 um der Klarheit willen das Wort „Gott" (*theos*).

28 Matthäus setzt voraus, dass den religiösen Autoritäten der biblische Charakter dessen, was sie gegen Jesus sagen, nicht bewusst ist.

Wir wollen ihn zu schimpflichem Tod verurteilen; denn dann wird
ihm gnädige Heimsuchung widerfahren, wie er sagt."

Jesus hatte im Matthäusevangelium zwar niemals gesagt: „Ich
bin Gottes Sohn"; aber er war nach der Sturmstillung von seinen
Jüngern und dann im Bekenntnis des Petrus „Sohn Gottes" genannt worden[29]; die entsprechende Frage des Hohenpriesters
(26,63) hatte er mit „Du sagst es" beantwortet (V64). Die Leser
des Evangeliums wissen, dass Jesus tatsächlich „der Sohn Gottes"
ist; sie wissen auch, dass Gott ihn „retten" wird – allerdings auf
ganz andere Weise, als es die Lästerer hier spottend fordern.

In V44 notiert Matthäus abschließend analog zu Mk 15,32b,
die zusammen mit Jesus Gekreuzigten hätten ihn „ebenso"[30] verspottet; dabei bezeichnet er sie ausdrücklich nochmals als „Räuber".[31]

In V45 nimmt Matthäus das markinische Stundenschema wieder auf, an das er in 27,1 (vgl. Mk 15,1) angeknüpft, das er in der
Parallele zu Mk 15,25 aber übergangen hatte: Von der sechsten bis
zur neunten Stunde herrscht Finsternis *epi pasan tēn gēn*. Ob *gē*
hier „das ganze Land" meint, also Judäa, oder aber „die ganze
Erde", lässt sich kaum sagen. Es ist aber auch nicht von Bedeutung; betroffen ist jedenfalls der Bereich dessen, was auf Golgotha
wahrgenommen werden konnte. Von dieser Finsternis wird ohne
jeden Kommentar gesprochen – insbesondere auch die anwesenden Personen scheinen davon gar keine Notiz zu nehmen.[32] Die
Leser sollen möglicherweise einen Bezug sehen zu der Gerichtsdro-
hung in Amos 8,9 („Und an jenem Tag, Spruch Gottes des Herrn,
lasse ich die Sonne untergehen am Mittag, da bringe ich Finsternis

---

29 Mt 14,33; 16,16. In beiden Fällen geht die Formulierung über das in der
    Mk-Parallele Gesagte deutlich hinaus (Mk 4,41 „Wer ist dieser?"; 8,29 „Du
    bist der Christus").
30 Davies/Allison, Matthew III, 618.621 betonen, dass also nach Matthäus
    alle drei Gruppen – die Vorübergehenden, die Autoritäten, die Räuber –
    Jesus auf dieselbe Weise lästern (anders Mk 15,32b), womit der Gegensatz
    zu dem „Bekenntnis" des römischen Hauptmanns und seiner Leute in
    27,54 um so deutlicher werde.
31 Ganz anders ist die Darstellung in der Parallele Lk 23,39–43.
32 Davies/Allison, Matthew III, 622 folgern aus V45.46, dass die anwesenden
    Personen auch nicht reden, sondern dass erst Jesus in V46 die Stille durch-
    bricht. „So the darkness is silent, and although time advances, nothing
    happens: the narrative stops."

über die Erde am helllichten Tag"[33]) und wohl auch zu der apoka-
lyptischen Ankündigung, dass sich beim Kommen des Menschensohnes am Ende aller Tage Sonne und Mond verfinstern werden
(Mt 24,29/Mk 13,25)[34]; das würde zugleich bedeuten, dass die
Anwesenden einen derartigen Zusammenhang nicht erkennen.[35]

Dass nach dem Ende der dreistündigen Finsternis das Licht
wieder aufscheint, ist natürlich vorausgesetzt; es wird aber nicht
ausdrücklich gesagt oder gar betont.[36] Entscheidend ist das, was
„zur neunten Stunde" geschieht (V46): Jesus ruft mit lauter Stimme,
wobei er zum erstenmal seit 27,11 und zugleich auch zum letzten
Mal spricht: „Mein Gott, mein Gott, warum hast du mich
verlassen?"[37] Jesus ruft dieses Wort aus Ps 22,2 nach der hebräischen
Textfassung (ēli, ēli …), nicht wie in Mk 15,34 nach der aramä-
ischen Fassung (elōhi, elōhi …); die ebenso wie bei Markus sofort
hinzugefügte griechische Übersetzung folgt dem Text der LXX,
jetzt allerdings mit dem ungewöhnlichen Vokativ *theé mou* …
(statt: *ho theos mou* …).

33 In Amos 8,8 ist von einem endzeitlichen Erdbeben die Rede; vgl. Matth
   27,51b-53.
34 Davies/Allison, Matthew III, 621 halten auch einen Bezug zu Dtn 28,29
   für möglich; in der Fluchrede des Mose gegen die, die Gottes Gebote nicht
   halten, heißt es (V28f.): „Der HERR wird dich schlagen mit Wahnsinn und
   mit Blindheit und mit Verwirrung, und *du wirst am hellen Mittag umhertappen, wie ein Blinder im Dunkeln tappt*, und du wirst auf deinen Wegen
   keinen Erfolg haben, und du wirst allezeit nur unterdrückt und beraubt
   werden, und niemand wird dir helfen." Aber von solchem „Umhertappen"
   ist in Mt 27,45 nicht die Rede.
35 Die Kommentare verweisen auf Texte, denen zufolge sich beim Tode großer Männer eine Finsternis oder ein anderes kosmisches Wunderzeichen
   ereignet habe, so nach einigen antiken Quellen etwa beim Tod Caesars.
36 Anders P.-G. Klumbies, Rivalisierende Rationalität im Markus- und Lukasevangelium, in: ders., Von der Hinrichtung zur Himmelfahrt. Der Schluss
   der Jesuserzählung nach Markus und Lukas (BThSt 114), Neukirchen-
   Vluyn 2010, 5–24; Klumbies meint mit Blick auf Mk 15,34 (entsprechend
   Mt 27,46): „Das Folgende geschieht in einem neuen Licht. Die Lichtver-
   hältnisse haben sich geändert. Jetzt ist es hell. Jesu letzte Worte und sein
   anschließender Tod erfolgen im Hellen. Das macht Jesu Tod zu einem
   lichten Geschehen. Die Beleuchtungsverhältnisse während der Kreuzigung
   implizieren die Bewertung des Geschehens. Das Sterben Jesu erscheint als
   ein heilvolles Ereignis" (16).
37 Davies/Allison, Matthew III, 622.

Der Ruf „Warum[38] hast du mich verlassen?" ist eine an Gott
gerichtete Klage, wie denn Ps 22 ein „Klagelied des einzelnen" ist.
Dass der Evangelist sagen will, Jesus habe den ganzen Psalm 22
gebetet, der ab V22b zu einem Dank an Gott und zum Lobpreis
wird, ist überaus unwahrscheinlich; dieser Annahme widerspricht
schon der Erzählzusammenhang, da die Umstehenden mit ihrer
Reaktion lediglich das aufnehmen, was Jesus tatsächlich gerufen
hatte. Gleichwohl zeigt Jesu Klageruf sein Festhalten an Gott; man
kann sogar sagen: Der gekreuzigte und sterbende Jesus beharrt auf
seiner Beziehung zu Gott, auch wenn Gott selber gegenwärtig
nicht erkennen lässt, dass er sich zu Jesus hält.[39]

Erstaunlicherweise verstehen die Anwesenden nicht, dass Jesus
mit dem Wort von Ps 22,2 nach Gott ruft; sie meinen vielmehr, er
rufe Elia zu Hilfe. Die Vorstellung, Elia könne vom Himmel her-
abkommen und einem bedrängten Frommen helfen[40], ist in späte-
rer jüdischer Literatur häufiger belegt, begegnet aber hier offenbar
zum erstenmal. Die Leser des Evangeliums wissen, dass Jesus im
Anschluss an die Verklärungsszene gesagt hatte, Elia sei bereits gekommen, wobei er den Täufer meinte (Mt 17,12). Der irrtümliche
Hinweis auf Elia soll möglicherweise signalisieren, dass die Anwesenden, einschließlich der religiösen Autoritäten, den Gottesbe-
zug von Jesu Gebetsruf gar nicht erkannt haben.[41]

Dass daraufhin (V48) sofort jemand herbeieilt, um Jesus mit
einem in Essig getauchten Schwamm zu trinken zu geben, ist einerseits Fortsetzung des Spotts – wieder ist die Anspielung auf Ps
69,22 deutlich („sie geben mir Galle zu essen und Essig zu trinken
für meinen Durst"). Zugleich mag, wie V49 andeutet, auch der
Gedanke mitschwingen, Jesus solle bei Bewusstsein bleiben, falls
Elia tatsächlich zu seiner Rettung kommt.

---

38 In der Mk-Fassung lautet der übersetzte Text *eis ti*, in der Mt-Fassung
   ebenso wie in der LXX *hina ti*. Eine inhaltliche Differenz besteht offenbar
   nicht; in beiden Fällen kann sowohl „Warum, aus welchem Grund?" gemeint sein als auch „Wozu, mit welchem Zweck?".
39 Vgl. Davies/Allison, Matthew III, 625: Die gegenwärtige Verwerfung Jesu
   durch Gott „is not the final act. God does finally vindicate his Son."
40 Nach 2Kön 2,11f. ist Elia ja nicht gestorben, sondern in den Himmel aufgenommen worden.
41 Das Missverständnis (Unverständnis?) liegt in der in Mt 27,46 verwendeten hebr. Textfassung von Ps 22,2 (*ēli, ēli* ...) zumindest etwas näher als in
   der in Mk 15,34 zitierten Fassung.

Aber Jesus stirbt mit einem lauten Schrei (V50).[42] Für Jesu Sterben wählt Matthäus, abweichend von der knappen Wendung in Mk 15,37 (*exepneusen*), die vollere Formulierung „Er gab seinen Geist auf" (*afēken to pneuma*). Steckt darin ein Bezug zur Taufszene in 3,16? Jesus hatte bei der Taufe den Geist empfangen; jetzt ist das Ende dieser Beziehung gekommen, womit klar ist, dass Jesus tatsächlich tot ist.

Die theologische Deutung des Todes Jesu

Die Schilderung des Sterbens Jesu in Mt 27,33–50 enthält, nicht anders als die Vorlage in Mk 15,22–37, keine ausdrückliche Deutung des Todes. Vordergründig scheint sich der Erzähler darauf zu beschränken, die Ereignisse zu beschreiben – bisweilen in sehr knapper Berichtsform, bisweilen ausführlich bis hin zur wörtlichen Rede der beteiligten Personen. Die zahlreichen biblischen Anspielungen zeigen aber, dass eine ganz bestimmte Deutung des Todes Jesu gegeben werden soll: Jesus ist der von seinen Feinden verfolgte Gerechte. Dementsprechend verhalten sich Jesu Feinde – seien es die römischen Soldaten (V34–36), seien es die vorübergehenden Passanten (V39–40), seien es die jüdischen religiösen Autoritäten (V41–43) und ebenso die mitgekreuzigten Räuber (V44) – genau so, wie der biblischen Überlieferung zufolge die Feinde des leidenden Gerechten handeln und reden. Jesus letztes Wort ist ein Psalmwort, das anzeigt, wie er als der Gerechte auch in seiner Klage an Gott festhält.

---

42 Der Tod am Kreuz tritt durch allmähliches Ersticken ein, ein Schrei am Ende ist insofern wenig wahrscheinlich; nach Davies/Allison, Matthew III, 625 Anm. 71 ist der Schrei möglicherweise als endzeitliches Zeichen zu verstehen (vgl. Jer 25,30; Offb 10,3; 19,17). Die Formulierung von V50a spricht aber für einen unartikulierten, nicht wirklich „interpretierbaren" Schrei.

Anmerkungen zum möglichen historischen Hintergrund

Matthäus setzt sicherlich voraus, dass die markinische Passions-erzählung, der er mit wenigen Abweichungen folgt, den tatsäch-lichen Ereignissen entspricht; wo er seine Quelle korrigiert, hat er dafür vermutlich theologische oder einfach stilistische Gründe. Wie weit die Schilderung nach unseren Maßstäben im einzelnen historisch zuverlässig ist, lässt sich kaum sagen. Unumstritten ist, dass Jesus auf Anweisung des römischen Präfekten Pontius Pilatus durch römische Soldaten gekreuzigt wurde; die Kreuzigung war eine römische Form der Todesstrafe, die vor allem gegen politische Aufrührer verhängt wurde.[43] Jesus dürfte tatsächlich unter dem Vorwurf hingerichtet worden sein, er sehe sich als „der König der Juden" und plane Widerstand gegen die römische Herrschaft in Judäa; allerdings lässt sich nicht erkennen, dass Jesu Verkündigung tatsächlich romfeindliche Akzente trug[44], wenn man nicht annehmen will, die Rede von der kommenden „Herrschaft Gottes" sei als solche ein Akt des Widerstands gegen jede politische Herrschaft. Die Frage, ob der oberhalb des Kopfes Jesu angebrachte *titulus* his-torisch authentisch ist, lässt sich kaum beantworten.[45]

Wie weit jüdische religiöse Autoritäten an dem Geschehen be-teiligt waren, ist schwer zu sagen. Auf der Ebene der Evangelien ist jedenfalls klar, dass die Anklage gegen Jesus vor Pilatus auf die Ini-tiative des Synedriums zurückging; dementsprechend waren die religiösen Autoritäten am Fortgang des Geschehens zumindest nicht unbeteiligt, und gerade im Matthäusevangelium wird dieser Aspekt später noch einmal nachdrücklich gesteigert (27,62–66; 28,11–15). Historisch betrachtet ist eine Initiative des Synedriums zumindest wahrscheinlich; es spricht wenig für die Annahme, dass Pontius Pilatus von sich aus gegen Jesus vorging. Die in den Evangelien geschilderten Konflikte während des Aufenthalts Jesu in Jerusalem betreffen jedenfalls ausschließlich innerjüdische Prob-leme; Vermutungen, Konflikte Jesu mit römischen Instanzen seien von der christlichen Überlieferung womöglich aus apologetischen

---

43 Vgl. dazu den knappen, aber instruktiven Exkurs bei D. Lührmann, Das Markusevangelium (HNT 3), Tübingen 1987, 260f.

44 Dagegen spricht schon, dass Jesus überwiegend in Galiläa, dem Herrschafts-gebiet des Herodes Antipas, wirkte, wo Rom zur Zeit Jesu militärisch gar nicht präsent war.

45 S. das oben zu V37 Gesagte.

Gründen verschwiegen worden, wären in den Quellen ohne jeden Anhalt.[46]

Der Hinrichtungsort Golgotha ist archäologisch vermutlich zu identifizieren mit dem Ort der Grabeskirche.[47] Dieser lag zur Zeit Jesu jedenfalls außerhalb der Stadt; die Möglichkeit, dass Reisende auf dem Weg von oder nach Jerusalem dort „vorbeikamen", ist also ohne weiteres gegeben. Dass Simon von Kyrene das Kreuz Jesu, d.h. vermutlich den Querbalken, tragen musste, ist historisch zumindest plausibel[48]; die Notiz in Joh 19,17, Jesus habe sein Kreuz selber getragen, ist demgegenüber offensichtlich christologisch motiviert.

Jesu Kreuzigung „zwischen zwei Räubern" ist möglich – Hinrichtungen waren während der Amtszeit des Präfekten Pilatus nicht ungewöhnlich. Erstaunlich ist, dass der ebenfalls zum Tode verurteilte Barabbas nach Mk 15,7 „bei dem Aufstand (*stasis*) einen Mord begangen" hatte[49], dass aber eine Beziehung zwischen den „Räubern" (Zeloten?) und dem „aufständischen" Barabbas offenbar nicht besteht und auch nicht literarisch hergestellt wird. Es ist also möglich, dass die Beteiligung der „Räuber" eher einen theologischen Hintergrund hat.

Über die Möglichkeit einer dreistündigen Finsternis mitten am Tage scheinen sich die Evangelisten kaum Gedanken gemacht zu haben. Dass ein bestimmtes tatsächliches Ereignis Auslöser für den Bericht gewesen sein könnte, ist natürlich nicht völlig auszuschließen[50], es ist aber doch wenig wahrscheinlich. Jeder Versuch,

---

46 Das gilt insbesondere auch für die in Mk 11,15–18 (vgl. Mt 21,12–16) geschilderte Tempelaktion Jesu; unabhängig von der Frage, ob es sich dabei um ein historisches Ereignis handelt, ist von einer römischen Reaktion nirgends die Rede.

47 Vgl. M. Küchler, Jerusalem. Ein Handbuch und Studienführer zur Heiligen Stadt (Orte und Landschaften der Bibel Band IV,2), Göttingen 2007, 418 (ausführlich 415–483).

48 Dafür spricht schon die Notiz in Mk 15,21, er sei „der Vater des Alexander und des Rufus"; auf der Ebene der (vor)markinischen Passionserzählung müssen sie bekannt gewesen sein, während für Matthäus und Lukas der Hinweis auf die Söhne Simons offenbar unverständlich bzw. sinnlos geworden war.

49 Bei Matthäus ist diese Notiz gestrichen.

50 Davies/Allison, Matthew III, 623 verweisen darauf, dass Origenes „and Hollywood lives of Christ" Sturmwolken oder einen Scirocco für möglich halten, „even though Mark and Matthew surely thought in terms of something supernatural".

die dreistündige Finsternis als „historisch" oder zumindest „historisch möglich" anzusehen, würde bedeuten, dass man zwar einerseits das Ereignis als tatsächlich geschehen vermutet, andererseits
aber sofort hinzufügen müsste, dass es sich so wie in den Quellen
berichtet („drei Stunden Finsternis über dem ganzen Land") natürlich nicht abgespielt haben kann.

Predigt und Gottesdienst

Hans-Helmar Auel

Mt 27,33–50 – Predigt

1

Behutsam nähert sich der Unbekannte dem Leiden und Sterben von Jesus, dem gekreuzigten Sohn Gottes. Er liest in dem Evangelium nach Markus. Dessen Schilderung folgt er auf weiten Strecken bis in die Wortwahl hinein. Über Markus hinaus weiß er im Verlauf der Passionsgeschichte vom Tod des Judas zu berichten und davon, wie Pilatus und seine Ehefrau sich vergeblich um die Freilassung Jesu bemühen. Bei Jesu Tod geschah ein Erdbeben, so schildert er, in dessen Folge sich Gräber in Jerusalem öffnen und Verstorbene in der Stadt erscheinen. Das Grab weiß er von aufgestellten Wachen abgesichert. Ziel der Bemühungen des Unbekannten ist ein Evangelium für seine Gemeinde. Geschrieben hat er es wohl ein bis zwei Jahrzehnte nach Markus. Wir nennen es nach alter Überlieferung Evangelium nach Matthäus. Jetzt steht es als das erste der vier Evangelien im Neuen Testament. Ihm haben sich viele behutsam angenähert, um das, was sie aufnahmen, auch anzunehmen und weiterzugeben.

2

Eindrücklich sind die Bilder, in denen Pier Paolo Pasolini „Das Matthäusevangelium" uns vor Augen stellt, in Schwarz-Weiß, ruhig Szene auf Szene. Im Fernsehen läuft der Film. Über dreißig Jahre ist das her. Bei der Kreuzigung springt der fünfjährige Junge plötzlich erregt vom Sofa auf. Gespannt hat er bis hierhin sich alles angesehen. Mit dem Finger zeigt er auf die Kreuzigungsszene und schreit mit lauter Stimme: „Das dürfen die doch nicht!" Wer aber hört auf den Schrei eines ergriffenen Kindes? Die Kinder spielen auf und wir tanzen nicht, sie singen Klagelieder und wir weinen nicht (Mt 11,17). Aber aus dem Munde der Unmündigen und Säuglinge hat sich Gott Lob bereitet (Ps 8,6; Mt 21,16).

3

Bis auf den letzten Platz gefüllt ist die Kirche. Es ist der Abend des Sonntags Palmarum. Gegeben wird die „Matthäuspassion" von Johann Sebastian Bach, eine große Verkündigung in Tönen und Worten. Eben noch sang der Chor: „Wir setzen uns mit Tränen nieder und rufen dir im Grabe zu: Ruhe sanft, sanfte ruh!" Kaum ist der letzte Ton verhallt, brandet Applaus auf. Was beklatschen die Leute da? Die Leistung der Akteure, werden Befragte sagen. In der Mitte des Gotteshauses steht also die Leistung der Sänger und Musiker, nicht das Leiden und Sterben unseres Herrn Jesus. Die Kirche wird zur Kulturhalle, als Gotteshaus hat sie ausgedient.

Am Karfreitag die Matthäuspassion wie einen Gottesdienst zu begehen kommt uns nicht mehr in den Sinn. Das kann man den Menschen nicht zumuten, sagen wir dann und vergessen völlig, dass Jesu Passion eine einzige Zumutung ist. So können wir auch nicht nach der „Matthäuspassion" einfach eine Zeit in der Stille sitzen und dem nachgehen, was da in uns groß geworden ist, um dann still nach Hause zu gehen, wie es dem „stillen Freitag" entspricht; der aber ist längst vom Karfreitag zum „Car-Freitag" mutiert.

Die Antwort auf das Leiden und Sterben Jesu gibt der namenlose römische Hauptmann (Mt 27,54), dessen ganzes Weltbild buchstäblich ins Wanken kommt. Seine Antwort ist nach tiefem Erschrecken ein Bekenntnis: „Wahrlich, dieser ist Gottes Sohn gewesen!" Jesus hat sich nicht „Sohn Gottes" genannt, aber Petrus nennt ihn so und der Hohepriester fragt ihn danach und erhält zur Antwort: Du sagst es. Unsere Antwort ist der Applaus. Wir wollen nicht ins Wanken kommen und uns nicht mehr treffen lassen, obgleich wir dauernd von Betroffenheit reden. Die Kunst darf das Bekenntnis nicht ersetzen. Das aber ist fehl an einem Platz, für den man Eintritt entrichten musste. So beklatschen wir eifrig Leiden und Sterben Jesu im Gotteshaus und merken nicht einmal mehr, was wir tun. Ob Jesus auch für uns beten wird: Vater, vergib ihnen; denn sie wissen nicht, was sie tun (Lk 23,34)?

4

Dabei ist es gar noch nicht so lange her, dass auch kirchliche Autoritäten mit deutlichen Worten gegen den Film „Die Passion Christi" von Mel Gibson zu Felde zogen. Brutal sei er mit unerträglichen Gewaltszenen und Bildern davon, wie Menschen Menschen quälen.

Was aber war die Passion Christi anders? Höchstens noch viel grauen-
voller, als es Wort, Bild und Musik auszudrücken vermögen. Es
war der römische Schriftsteller Cicero, der die Kreuzigung die
„grausamste und fürchterlichste Todesstrafe" nannte. Der jüdische
Historiker Flavius Josephus berichtet, dass die Geißelung den
Körper eines Verurteilten bis auf die Knochen zerfleischte. Nackt
hingen sie am Kreuz, manche tagelang, schreibt der Traumdeuter
Artemidor und fügt hinzu: „Der Gekreuzigte nährt viele Vögel!"
    Selbst solche Beschreibungen vermögen nicht hinreichend die
stundenlange Qual zu benennen, die Menschen zerbricht, bevor
ihnen am Kreuz die Knochen gebrochen werden. Weil wir aber
eher darauf ausgerichtet sind, Leid und Schmerz zu vermeiden als
sie zuzulassen und an uns heran zu lassen, beklatschen wir lieber
das Gehörte, da uns das Bekenntnis im Halse stecken bleibt, steht
doch schon in der Schrift (5Mose 21,22.23): Verflucht ist, wer am
Holz hängt! Wie aber kann aus dem von Menschen Geschändeten,
Verachteten und Verfluchten der von Gott Gesegnete werden? Folgen wir der Spur vom Leid durch das Kreuz, vom Leid am Kreuz
und unter dem Kreuz bis dorthin, wo Gott diesen „Schmerzens-
mann" (Adam Thebesius, EG 87,1) zum heilbringenden Herrn
der Welt macht.

5

Golgotha. Ein Wort hat sich in die Weltgeschichte eingeprägt. In
ihm verdichtet sich alles Leid dieses Freitag, den wir den Karfreitag
nennen. In ihm steckt das alte Wort *cara*, das *Leid* bedeutet. Das
Leid bündelt sich an diesem einen Ort Golgotha. *Schädel* bedeutet
es in unserer Sprache und beschrieb wohl die Überreste einer Ge-
steinsformation eines Steinbruchs, der neben einem Gartengelände
aufragte. Seit den Tagen des Kaisers Konstantin ist über diesem
Platz eine Kirche gebaut, die den Golgothafelsen und das Grab
Jesu überbaut. In dieser großen „Grabeskirche" haben wohl sieben
christliche Kirchen ihre Kirchen, aber Einigkeit herrscht an diesem
Ort nicht, eher Streit bis hin zu Prügeleien zwischen Mönchen
und Priestern der verschiedenen christlichen Kirchen, ein beredtes
Zeugnis für uns Christen in der Welt, die wir den Titel des Mannes
tragen, der an dieser Stätte starb und begraben wurde.

Außerhalb der Stadt lag Golgotha und Simon von Kyrene wird gezwungen, das Kreuz Jesu zu tragen, ohne Begründung und ohne Vermutung über das „Warum". Er ist der Einzige, der neben Jesus mit Namen genannt wird. Die sonst noch handelnden Personen sind die Soldaten des römischen Statthalters und die religiösen Autoritäten; sie sind Juden also wie Jesus selbst, denn Jesu Religion war die jüdische. Diesen Tatbestand können wir uns nicht klar genug machen. In kurzen Worten, die auf alle ausschmückenden Beschreibungen verzichten, berichtet der Evangelist Matthäus und setzt das Geschehene in Bezug zur Schrift. Hier geschieht nichts Neues unter der Sonne, es ist längst abgebildet in der Schrift.

Wein soll Jesus trinken mit *Galle* vermischt, *Gift* kann das Wort auch bedeuten, und im Psalm 69,22 steht geschrieben: Gift gaben sie mir zur Speise und Essig zu trinken für meinen Durst. Allein hier ist von einer Handlung des zum Kreuz Gehenden die Rede: „Als er's schmeckte, wollte er nicht trinken!" Wieder bleibt das „Warum" für Jesu Handeln offen.

Drei Worte reichen aus, um den Vollzug der Kreuzigung zu berichten. Alle Details, die uns das schreckliche Geschehen vor Augen führen könnten, bleiben unerwähnt. Es zählen nur die nackten Tatsachen, und dazu gehört, dass Jesus nackt gekreuzigt wird. Beraubt aller Scham, den schamlosen Blicken ausgeliefert, blutig geschlagen der Körper, hängt er in völliger Hilflosigkeit und Entehrung am Kreuz und unter dem Kreuz zu seinen Füßen verteilen sie seine Kleider und werfen das Los darum, wie es der Psalm 22 beschrieb. Das ist der Lohn der Bewacher. Der unschuldig leidende Gerechte ist aller Dinge beraubt, sein Hab und Gut ihm genommen, in aller Nacktheit bloßgestellt und zur Schau freigegeben, zwischen zwei Räuber gekreuzigt, und als reiche das noch nicht, steht auf der Tafel über seinem Haupt mit der Dornenkrone: Dies ist Jesus, der Juden König! Johann Heermann verdichtet und deutet das Geschehen im Jahre 1630 – es ist die Zeit des Dreißigjährigen Krieges – mit diesen Worten:

Du wirst gegeißelt und mit Dorn gekrönet,
ins Angesicht geschlagen und verhöhnet,
du wirst mit Essig und mit Gall getränket,
ans Kreuz gehenket.

Der Fromme stirbt, der recht und richtig wandelt,
der Böse lebt, der wider Gott gehandelt;
der Mensch verdient den Tod und ist entgangen,
Gott wird gefangen.
(EG 81,2.5)

Zurück gehen die Gedanken bis zu den Anfängen in Bethlehem.
Die Magier aus dem Osten suchen ausdrücklich nach dem König
der Juden und beten das Kind in der Krippe an, Fremde, aber
Wissende. Beim Einzug Jesu in Jerusalem geht die Verheißung des
Propheten Sacharja in Erfüllung: Siehe, dein König kommt zu dir;
und Pilatus fragt: Bist du der König der Juden?

6

Zu aller Bloßstellung gesellt sich schamloser Spott. Die Vorübergehenden haben ihren Auftritt und kommen ausführlich zu Wort.
Sie lästern Jesus. Eben noch hatte der Hohepriester Jesus der
Gotteslästerung geziehen, jetzt sind sie es, die Namenlosen, die in
der Menge untertauchen, die vorübergehen und nicht bleiben
müssen, die mit ihren Lästerungen den gekreuzigten Jesus ablehnen, obgleich wir doch alle „Vorübergehende" sind. Sie erfüllen,
was schon der Psalm 22,8 ausdrückte: Alle, die mich sehen, verspotten mich, verziehen den Mund und schütteln den Kopf. Mit
ihrer Körpersprache bringen sie sichtbar ihr Urteil der Verwerfung
zum Ausdruck. Der die Zerstörung und den Wiederaufbau des
Tempels in drei Tagen ankündigte, für den doch der König Herodes zwanzig Jahre brauchte und fertig ist er immer noch nicht, der
soll sich doch selbst retten, wenn er Gottes Sohn ist. Zurück gehen
die Gedanken auf den Berg der Versuchung. Mit eben diesen Worten wollte der Satan Jesus zu Wundertaten verführen. Jetzt sind es
die Vorübergehenden, aus deren Mund die teuflische Versuchung
kommt. Manchmal sind Worte für die Verhöhnten wie Geißelhiebe.
    Vorübergehende sind auch die jüdischen Autoritäten. Sie spot-
ten über Jesus, reden aber nicht mir ihm. Sie sprechen von ihm als
dem Messias, dem König von Israel, und betonen seine Hilflosigkeit. Sie sind bereit an ihn zu glauben, wenn er *jetzt* vom Kreuz
steigt. Solcher Glaube geht kein Wagnis ein und mündet gerade
darin im Unglauben, ist doch Jesus als der Gekreuzigte der Messias.
Ja, sie zitieren den Psalm 22: Er hat Gott vertraut; der erlöse ihn

nun, wenn er Gefallen an ihm hat. Mit diesen Worten bringt der leidende Gerechte in dem Psalm seine Verzweiflung darüber zum Ausdruck, dass seine Widersacher ihn mit diesen Worten verhöhnen. Jetzt sind es die jüdischen Autoritäten, die mit diesen „höhnschen" Worten zeigen, dass sie nicht einmal mehr merken, wie sie sich positioniert haben. Gott aber wird den Gekreuzigten auf eine ganz andere Weise retten, als es die Lästerer spottend fordern, und selbst die das gleiche Lebenslos haben, die Räuber zur Rechten und zur Linken auf den „Ehrenplätzen", verspotten ihn. Es gibt keine Solidarität im Leid.

7

Und dann wird es finster. Es ist, als kehre sich die Schöpfung um, kehre zurück zur Finsternis und es erfülle sich die alte Verheißung der Propheten zum „Tag des Herrn" (Am 8,9): Und an jenem Tag, Spruch Gottes des Herrn, lasse ich die Sonne untergehen am Mittag, da bringe ich Finsternis über die Erde am helllichten Tag. Die Vorübergehenden tappen buchstäblich im Dunkeln und erkennen nicht die Zeichen Gottes. Wie umnachtet sehen sie und erkennen nicht, nehmen auf, aber nehmen nicht an. Mit den hebräischen Worten des Psalms 22,2 auf den Lippen wendet sich Jesus im Sterben an Gott: Eli, eli, lama asabthani? Der Gerechte leidet, aber er schweigt nicht. Er klagt nicht an ohne zu leiden, er leidet nicht ohne zu klagen. In tiefster Not klagt er vor Gott, wendet sich an ihn, hält an Gott fest. Jesu klagende Frage ist gestellt und es ist im Augenblick nicht zu erkennen, dass Gott antwortet und wie er antwortet, denn nicht alle fragenden Klagen werden von Gott sofort beantwortet. Gott gibt auf seine Weise Antwort.

Umstehende meinen, er habe den Elia gerufen, den großen Propheten, der vor über achthundert Jahren nicht starb, sondern in den Himmel entrückt wurde. Von dort, so hofften Menschen, würde er kommen, den bedrängten Frommen zu helfen. Sie wissen nicht, dass Jesus in Johannes dem Täufer den wiedergekommenen Elia sah.

Einer der Umstehenden gibt Jesus auf einem Stock einen in Essig getauchten Schwamm, wie es im Psalm 69 berichtet ist. Ob der am Kreuz Hängende so lange durchhält, bis der Elia vom Himmel kommt? Doch noch ein Wunder in letzter Sekunde? Der Schrei des Sterbenden zerreißt die Stille. Den Geist, der bei der Taufe über Jesus gekommen war, gibt er auf und stirbt.

Zeichen fordern wir Menschen immer wieder, etwas handfestes
für unsere leeren Hände, aber es wird uns allein das Zeichen des
Propheten Jona gegeben. Denn wie Jona drei Tage und drei Nächte im Bauch des Fisches war, so wird der Menschensohn drei Tage
und Nächte im Schoß der Erde sein (Mt 12,39.40). Und dann,
dann antwortet Gott.

Mt 27,33–50 – Gottesdienst

Karfreitag V

PSALM 22

BITTRUF

Die Schmach bricht mir mein Herz und macht mich krank.
Ich warte, ob jemand Mitleid habe, aber da ist niemand, und
auf Tröster, aber ich finde keinen (Ps 66,21). Du aber, o
Herr, erbarme dich unser.

KOLLEKTENGEBET

Ich will hier bei dir stehen, verachte mich doch nicht;
von dir will ich nicht gehen, wenn dir dein Herze bricht;
wenn dein Haupt wird erblassen im letzten Todesstoß,
alsdann will ich dich fassen in meinen Arm und Schoß.
Amen.
(Paul Gerhardt, EG 85,6)

LESUNGEN

Joh 19, 16–30
2Kor 5,19–21
Jes 52,13–53,12

GEBET

Unter dem Kreuz stehe ich, höre die Worte und fühle mich
hilflos. Was soll ich dazu sagen, dass ein Mensch so leiden
muss? Gehörte Worte formen sich zu Bildern und alles wird

nur noch schlimmer. Lange Wege erscheinen vor mir. Sie führen durch die Jahrhunderte und sind gesäumt von Kreuzen. Immer wieder. Hört das denn nie auf? Ich bitte dich, allmächtiger Gott, verlass mich nicht und nimm dich meiner an.

Oft schaue ich auf das Kruzifix. Es gibt Augenblicke in meinem Leben, da bin ich dir am Kreuz so nah, wie ich es nie für möglich hielt. Ich kann mein Leid an dein Leid andocken. Da ist es aufgehoben, auch wenn es nicht beseitigt ist. Und du bist mir so nahe, wie ich es nie für möglich hielt. Du bist für mich da, und alles, was du erlitten hast, hast du auf dich genommen, um mein Tun und mein Leben auf dich zu nehmen. Fassen kann ich das nicht.

Manchmal sehe ich über dem Kreuz den geöffneten Himmel. Gott wendet sich mir zu in diesem leidenden Gerechten. Er erträgt, was ich nicht tragen kann. Was wir Menschen als Niederlage ansehen, hat Gott zur großen Hoffnung gewendet. Deshalb will ich hier bei dir stehen und bitte dich: Verachte mich doch nicht!

LIEDER

Herr, stärke mich, dein Leiden zu bedenken (EG 91)
Herzliebster Jesu, was hast du verbrochen (EG 81)
Nun gehören unsre Herzen ganz (EG 93)
Jesu, deine Passion (EG 88)

Lk 24,13–35
Die Augen öffnen sich – unterwegs verstehen lernen

Lukas Bormann

1. Die Wirklichkeit der Auferstehung und die historische Kritik

Die Erzählung von der Augen öffnenden Begegnung zwischen dem Auferstandenen und den zwei Jüngern rührt an Grundfragen der historischen Kritik und der theologischen Exegese.[1] Wie verhält sich die historische Kritik zu dem Ereignis der Auferstehung Jesu, das für die meisten Texte des Neuen Testaments theologisch zentral ist? Worin besteht die Wirklichkeit der Auferstehung?

Auf diese Fragen gibt die Erzählung von den beiden Emmausjüngern Antworten, die höchst zeitgemäß sind. Wie in kaum einem anderen Text des Neuen Testament nutzt der Autor von Lk 24,13–35 die Mittel des kunstvollen Erzählens. Besonders deutlich wird das darin, dass Lukas, anders als die übrigen Evangelisten, dazu in der Lage ist, die Sichtweisen seiner Erzählfiguren immer wieder literarisch mit ins Spiel zu bringen.[2] Besonders eindrucksvoll setzt er die Emmausjünger in Szene, indem er sie zunächst in einer Weise sprechen lässt, die die Empfindungen und Gedanken der Jünger nach der Kreuzigung und vor den Erscheinungen des Auferstandenen zum Ausdruck bringt (24,19–24). Sie wissen nur vom Tod Jesu und davon, dass es Berichte über das leere Grab gibt.

---

1 F. Bovon, Das Evangelium nach Lukas, Neukirchen-Vluyn 2009 (EKK III/1), 542–572; H. Klein, Das Lukasevangelium, Göttingen 2006 (KEK I/3), 724–734; M. Wolter, Das Lukasevangelium, Tübingen 2008 (HNT 5), 774–787.

2 Z.B. in den inneren Monologen, die für die Hauptfiguren der Sondergutgleichnisse charakteristisch sind und die oft mit „da sprach er bei sich selbst" eingeleitet werden: Lk 12,17–19; 15,17–19; 16,3f.; 18,4f. Dazu B. Heininger, Metaphorik, Erzählstruktur und szenisch-dramatische Gestaltung in den Sondergutgleichnissen bei Lukas, Münster 1991 (NTA.NF 24).

Der Autor Lukas lässt sie ihre Unsicherheit und ihre Enttäuschung,
aber auch deren Überwindung aussprechen. Dabei bleibt es aber
nicht. Die Jünger bekommen noch zwei Mal die Gelegenheit, über
sich selbst zu sprechen und ihr inneres Erleben den Leser/innen
mitzuteilen (24,32.35). Indem der Autor selbst bereits mehrere
Wahrnehmungen und Perspektiven zu Wort kommen lässt, deren
Grenzen beschreibt, ihre Entwicklung und Entfaltung zum Ge-
genstand macht, integriert er in seinen Text mehrere Sichtweisen
der Auferstehung. Die ausdrückliche Thematisierung der verschiedenen perspektivischen Wahrnehmungen macht diesen Text in
einer besonderen Weise zugänglich für den/die heutige/n Leser/in.

Die Perikope von den Emmausjüngern ist eine durchdacht ge-
staltete Erzählung, die ein „geschlossenes Ganzes" bildet.[3] Das
heißt aber nicht, dass hier *nur* eine Erzählung vorliegt, wie das bisweilen umgangssprachlich formuliert wird. Erzählungen können
auf Erlebnissen und Ereignissen beruhen, sie können aber auch
überwiegend an Vorstellungen und Wahrnehmungen orientiert sein.
Selten wird nur das eine oder nur das andere zutreffen. Die meisten
Erzählungen bewegen sich in einem gewissen Maße zwischen der
Wirklichkeit der in ihnen berichteten Erlebnisse und Ereignisse
und den Vorstellungen und Wahrnehmungen, denen die Erzählung
sprachlichen Ausdruck gibt. Man kann diese Spannung auch noch
etwas schärfer bestimmen, indem man sie als ein „inneres Paradox"
aller Erzählungen definiert.[4] Auf der einen Seite des unauflösbaren
Gegensatzes, der mit dem Begriff Paradox bezeichnet werden soll,
steht die Objektivität der verhandelten Sachverhalte und auf der
anderen die Subjektivität der Erzählperspektive. Die Erzählung ist
geprägt von dem „Spannungsverhältnis zwischen der sozial zu-
gänglichen Objektivität und der charakteristischen Subjektivität
der Erzählung".[5]

Das Verhältnis von Wirklichkeit (Faktualität) und erzählerischer
Gestaltung (Fiktionalität) ist also spannungsreich oder gar paradox.[6]
Um dieses komplexe Verhältnis von Faktualität und Fiktionalität

---

3 J. Wanke, Die Emmauserzählung. Eine redaktionsgeschichtliche Untersuchung zu Lk 24,13–35, Leipzig 1973 (Erfurter Theologische Studien 31),
   114.
4 M. Bal, Kulturanalyse, Frankfurt 2002, 119.
5 Ebd.
6 G. Genette, Fiktion und Diktion, München 1992, 93f.

zu erfassen, bedarf es einiger Überlegungen, die sich auch deswegen lohnen, weil sie bis zur theologischen Frage nach der Wahrheit dieser Erzählung führen. Wie viel Wirklichkeit enthält eine Erzählung? Welche Tatsachenbehauptungen stellt sie auf? Lassen sich die Tatsachenbehauptungen unabhängig vom Erzählten verifizieren und damit als Tatsachenfeststellungen bestätigen? Diese Fragen lassen sich mehr oder weniger plausibel beantworten und zwar mit dem methodischen Rüstzeug der historischen Kritik, die völlig zu Unrecht bei manchen in Verruf geraten ist.[7] Die historische Kritik hat ihre eigene Würde, die Würde der Genauigkeit und des Scharfsinns.

Mit der Frage nach dem Grad der Wirklichkeit der Erlebnisse und Ereignisse, die in einer Erzählung berichtet werden, ist die Frage nach dem Sinn einer Erzählung noch nicht beantwortet. Die Sinndimensionen von Erlebnissen und Ereignissen erklären sich nicht von selbst, sie bedürfen der sprachlichen Gestalt, durch die sie in Beziehung zu unserem sprachlich verfassten Wirklichkeitsverständnis gesetzt werden.[8] In dem Moment aber, in dem Erlebnisse und Ereignisse in Sprache gefasst werden, werden sie anderen Gesetzmäßigkeiten als denen der Wahrnehmung unterworfen, sie werden zu einem „Sprachereignis" (Ernst Fuchs), das im inneren Erleben neue Räume zu schaffen vermag und das die Wahrnehmung der äußeren Wirklichkeit beeinflussen kann.[9] Die sinnbildende Kraft, die von Sprachereignissen ausgehen kann, ist nun aber auch von ihrem Wirklichkeitsgehalt bestimmt. Erzählungen, die rein fiktional sind, überzeugen nur auf der Ebene eines esoterischen Wirklichkeitsverständnisses. Erzählungen, die Menschen berühren und verändern wollen, erreichen das vor allem dann, wenn sie in einem gewissen Maße auch die Wirklichkeit berühren und verändern, die von den Hörern der Erzählung als ihre gemeinsame

---

7   J. Tanner, Klio trifft Hermes. Interpretationsprobleme in der Geschichtswissenschaft, in: I.U. Dalferth/Ph. Stoellger (Hg.), Interpretation in den Wissenschaften, Würzburg 2005, 41–58.

8   M. Jung, Erfahrung und Religion. Grundzüge einer hermeneutisch-pragmatischen Religionsphilosophie, Freiburg 1999, 343–348.

9   I.U. Dalferth, Radikale Theologie, Leipzig 2010, 160–163; Ernst Fuchs, Zur Frage nach dem historischen Jesus, Tübingen 1960, 407–411.

Wirklichkeit begriffen wird. Dann erschließt sich der Glaube an den Auferstandenen als der „radikale Orientierungswechsel, der alles in ein anderes Licht rückt".[10]

2. Wirklichkeit

Die Emmausperikope gehört zum so genannten Sondergut des Lukas. Alle Texte, die weder in Mk noch in Mt enthalten sind, gelten als Sondergut. Im Falle des Lukas sind das etwa 46 % des Evangeliums. Das Sondergut ist aber nur formal logisch eine „Restkategorie".[11] Vielmehr sind die Texte durch den Autor des Evangeliums bewusst ausgewählt, um das von Mk übernommene Erzählgerüst zu ergänzen. Der Autor identifiziert sich also in einem besonderen Maße mit diesen Texten, die er im Licht seiner Selbstvorstellung in Lk 1,1–4 heranzieht, um die Erzählung der mit Jesus verbundenen Ereignisse genau, der Reihe nach und zuverlässig niederzuschreiben. Das Sondergut ist nach dieser Sichtweise vor allem eine „positive" Kategorie. Der Autor des Lukasevangeliums zieht es heran, weil er es theologisch und literarisch für notwendig hält, um angemessen von den Ereignissen berichten zu können, die für den Glauben grundlegend sind (Lk 1,4). Ohne das Sondergut wüssten wir fast nichts von der Theologie des Lukas und uns würden auch eine ganze Reihe der bekanntesten und beliebtesten Erzählungen des Neuen Testaments fehlen (Kindheitsgeschichte Jesu, barmherziger Samariter, verlorener Sohn).[12]

Um den Grad der Wirklichkeit der in Lk 24,13–35 berichteten Ereignisse zu bestimmen, ist es hilfreich, dass weitere davon unabhängige Berichte vorliegen, die zu ihnen in Beziehung stehen. Nach 1Kor 15,5, einem Text, der sich auf die Zeit unmittelbar nach den ersten Erscheinungen Jesu zurückführen lässt, ist der Auferstandene zuerst dem „Kephas [Petrus] erschienen" (ōphthē Kēphā), was mit der Aussage von Lk 24,33b, „dem Simon [Petrus] erschienen" (ōphthē Simōni) übereinstimmt. Eine Erscheinung vor „Zweien" ist im sekundären Markusschluss angesprochen. In Mk 16,12f. heißt es: „Nach diesen Ereignissen offenbarte er sich in einer anderen

---

10 Dalferth, ebd., 280.
11 Wolter, ebd., 16.
12 Bovon, ebd., 572.

(äußeren) Gestalt zweien von ihnen [den Jüngern], die unterwegs waren und aufs Land gingen. Und jene gingen los, verkündigten es den übrigen [Jüngern]." Die faktualen Übereinstimmungen sind ebenso deutlich (zwei, Erscheinung außerhalb der Stadt, unterwegs, Bericht der zwei an die übrigen) wie die Unterschiede in der erzählerischen Gestaltung (Bericht statt perspektivische Erzählung, andere Gestalt Jesu). Mk 16,12f. gibt keine literarische Abhängigkeit zu Lk 24,13–35 zu erkennen. Die Verbindung zwischen den beiden Texten besteht in der Ähnlichkeit des berichteten Ereignisses.

Der Wirklichkeitsgehalt von Lk 24,13–35 beruht damit auf dem Erlebnis zweier Jünger, denen Jesus in einer gebrochenen Weise (sie erkennen ihn nicht, er hatte eine andere Gestalt) begegnet (nicht: „erschienen") ist, während sie außerhalb Jerusalems unterwegs waren, und auf dem frühchristlichen Bekenntnis, der Herr ist auferstanden „und dem Simon [Petrus] erschienen".

Nun enthält Lk 24,13–35 noch weitere faktuale Aussagen. Das Ereignis wird auf den dritten Tag nach der Kreuzigung datiert. Der Name eines Jüngers ist genannt, Kleopas. Das Dorf, zu dem sie ziehen wollen, trägt den Namen Emmaus. Die beiden Jünger kehren umgehend nach Jerusalem zurück und treffen die übrigen Jünger, die ihnen bereits das Osterbekenntnis voraushaben. Hier scheint es sich eher darum zu handeln, dass der Autor den Wirklichkeitsgehalt seines Berichtes steigern wollte. Er kommt so den beharrlichen Fragen nach den Details der Erzählung, nach dem Wann, Wer und Wo zuvor. Er gibt aber dem erzählerischen „Detaillierungszwang", nach dem wiederholtes Erzählen immer stärker dazu nötigt, Einzelheiten zu ergänzen, nur begrenzt nach.[13] Die im Text enthaltenen Details geben dem/der Leser/in Hinweise auf die Tatsächlichkeit des Geschehens. So stellt die genaue Entfernungsangabe von 60 Stadien zwischen Jerusalem und Emmaus ein „Faktualitätssignal" dar, während deutliche Fiktionalitätsindices (z.B. einleitende Bemerkungen wie „es war einmal" oder „man erzählt sich") fehlen.[14] Tatsächlich aber lässt sich bis heute ein Dorf namens Emmaus in der Entfernung von sechzig Stadien (ca. 11 km) von Jerusalem

---

13 E. Reinmuth, Pseudo-Philo und Lukas, Tübingen 1994 (WUNT 74), 12.
14 L. Bormann, Autobiographische Fiktionalität bei Paulus, in: E. Becker/P. Pilhofer (Hg.), Biographie und Persönlichkeit des Paulus, Tübingen 2005 (WUNT 187), 106–124, hier 117f.

nicht identifizieren. Die kirchliche Tradition identifizierte das
lukanische Emmaus mit dem späteren Bischofssitz Nikopolis, der
allerdings 30 km von Jerusalem entfernt liegt.[15] Etwas besser sieht
es im Falle des Namens eines der zwei Jünger, Kleopas, aus. In Joh
19,25 wird eine der Frauen am Kreuz dadurch näher gekennzeichnet, dass sie als die „Schwester seiner [Jesu] Mutter, Maria, die
[Frau] des Kleopas" bezeichnet wird. Danach hätte Kleopas in die
Familie Jesu eingeheiratet. Jedenfalls war dieser Kleopas eine relativ
bekannte Figur aus dem Umfeld Jesu und der Erzähler identifizierte
ihn mit einem der zwei Jünger. Man wird dem Namen Kleopas
einiges Vertrauen entgegenbringen dürfen, zumal der andere Jünger
namenlos bleibt, der Autor hier also Zurückhaltung an den Tag
legt. Die plausible Wirklichkeit der Erzählung im Sinne der Tat-
sachenfeststellung besteht also in einer gebrochenen Begegnung
zweier Jünger mit Jesus nach seiner Kreuzigung auf dem Land,
d.h. in unbewohntem Gebiet, möglicherweise in der Nähe Jerusalems, vielleicht hieß einer der Jünger Kleopas.[16]

3. Erzählung

Bereits Schlatter nannte den Autor der Emmausgeschichte einen
„Erzähler".[17] Er schloss vom Charakter der Erzählungen auf die
Person des Autors. Er sei ein Jerusalemer Jude gewesen.[18] Diese prä-
zisen historistischen Identifikationen vermeidet man heute. Sie
gehen weit über das hinaus, was man verantwortlich aus der litera-
rischen Gestalt von Texten schließen kann. Richtig ist aber, dass
die lukanische Gestalt der Ostererzählungen ganz im jüdischen
Milieu verortet ist. Bereits Lk 23,56 vermerkt ausdrücklich, dass die
Menschen um Jesus nach der Kreuzigung Jesu „am Sabbat ruhten
nach dem Gebot". Es ist die Welt jüdischer Religiosität, die aus

---

15 R. Riesner, Die Emmaus-Erzählung (Lukas 24,13–35), in: K.-H. Flecken-
   stein (Hg.), Emmaus in Judäa, Gießen/Basel 2003, 150–208, hier 177–196:
   Emmaus sei Nikopolis, die Entfernung von sechzig Stadien (Lk 24,13) ein
   Irrtum des Lukas.
16 Vgl. Wanke, ebd., 123f.: „Erzählkern".
17 A. Schlatter, Das Evangelium des Lukas, Stuttgart [3]1975, 453.
18 Ebd.

Lk 1–2 bekannt ist.[19] Auch dort handeln Elisabeth, Zacharias, Joseph und Maria ausdrücklich nach dem Gebot oder nach dem Gesetz (1,6; 2,22–24.27.). Auch dort findet sich die Terminologie des Heils, die von der Befreiung ([apo-]lytrōsis, lythrousthai Lk 1,68; 2,38; 21,28; 24,21) und der Rettung (sōtēr, sōtēria 1,47. 69.71.77; 2,11; vgl. 2,30: sōtērion) für Israel spricht.[20] Mit den Ostererzählungen nimmt Lk diesen Faden wieder direkt auf, der sich auch etwas lockerer durch die Sonderguttexte zieht. Im Mittelpunkt steht die Frage, ob Jesus derjenige ist, der die Kinder Abrahams (1,55.73; 13,16; 19,9), nämlich „Israel" erlösen wird (Lk 24,21; vgl. 1,68; 2,38; 21,28). Die Welt, die dieser Erzähler mit seinen Wörtern und Sätzen entstehen lässt,[21] ist eine Welt, in der die Tora geachtet wird und in der die Menschen von den Hoffnungen für das Gottesvolk bewegt sind, wie sie etwa im Psalter, der Sprachschule der Verkündigung Jesu (bes. Ps 145–150), zum Ausdruck kommen.[22]

Der Aufbau der Erzählung lässt sich nach Ort und Handlung in die Sequenzen „auf dem Weg" (Lk 24,13–27), „im Dorf" (28–32) und „zurück nach Jerusalem" (33–35) einteilen. Die Verweise auf die „Kreuzigung" (20), „Israel" (21), die „Frauen" (22f.), das „Grab" (24) und „Petrus" (34) verklammern den Text mit den weiteren Erzählzusammenhängen auf eine Weise, die deutlich macht, dass nun das Ganze des Heilsgeschehens thematisiert wird, wie es den „Schriften" entspricht (24,27.32.44–46; vgl. 24,25). Dieses Ganze des Heilsgeschehens erschließt sich den beiden Jüngern Schritt für Schritt „auf dem Weg" und stellt die Geschehnisse in Jerusalem in ein neues Licht.

Zahlreiche Motive verdeutlichen die Entwicklung, die die Emmauserzählung vollzieht, indem sie zu Beginn und zum Ende des Textes in veränderter Bedeutung aufgenommen werden. Es lässt sich eine „konzentrische Symmetrie" erkennen, die um ein Zentrum X symmetrisch Motive anordnet, die zueinander in variierender Be-

19 G. Wasserberg, Aus Israels Mitte – Heil für die Welt. Eine narrativ-exegetische Studie zur Theologie des Lukas, Berlin/New York 1998 (BZNW 92), 116–133.
20 Bovon, ebd., 191: „Wortschatz des Heils"; Wasserberg, ebd., 195.
21 W.H. Gass, Wie man aus Wörtern eine Welt macht. Essays, Salzburg 1995.
22 E. Zenger, „Daß alles Fleisch den Namen seiner Heiligung segne" (Ps 145,21). Die Komposition Ps 145–150 als Anstoß zu einer christlich-jüdischen Psalmenhermeneutik, in: BZ 41 (1997), 1–27.

ziehung stehen, indem das Motiv A in veränderter Form als Varia-
tion A' aufgenommen wird (... BAXA'B' ...).[23] Die Jünger verlassen
Jerusalem und kehren zurück (13 u. 33), besprechen die Ereignisse
(14f. u. 32), Jesus „nähert sich" und „wird unsichtbar" (15 u. 31),
ihre Augen sind „bedrückt" und werden „geöffnet" (16 u. 31), sie
„erkennen nicht" und „erkennen" (16 u. 31). Es lässt sich hier
leicht noch mehr entdecken. Als Zentrum dieser Symmetrie erscheint dann der Dialog Jesu mit den Jüngern (19b-27), dessen
Mitte wiederum die „Erscheinung der Engel" ist, „die ihnen gesagt
hätten, dass er lebe" (23b).[24] Die Stärke dieser in der französisch-
sprachigen Exegese entwickelten Interpretation, die im Lukaskom-
mentar von Bovon zu Grunde gelegt wird, besteht auch darin, dass
sie den narratologischen Grundsatz beachtet, nach dem die Bedeutung des Erzählten in Beziehung steht zur Dichte der Erzählung,
die wiederum durch das Verhältnis von erzählter Zeit und verwen-
detem Wortumfang bestimmt ist. Unter diesem Gesichtspunkt
wird verständlich, wieso die Emmausperikope diesen konzentrier-
ten Eindruck hinterlässt. Andere Interpretationen neigen dazu, das
Brotbrechen (33.35) oder das Auferstehungsbekenntnis (34b) so
hervorzuheben, dass die Emmauserzählung selbst eher als retardie-
rendes Moment oder als abschweifender Anachronismus erscheint.[25]
Bovon hingegen betont zu Recht, dass es dem Erzähler gelingt,
durch den Mund der Jünger „in einigen Sätzen den Ursprung, die
Lebensaufgabe und das Leiden dessen zusammenzuraffen, der
während mehr als zwanzig Kapiteln die Szene beherrschte."[26]
Folgen wir der Interpretation der konzentrischen Symmetrie,
dann steht mit den Versen 19b-27 die Frage nach dem Gottesvolk,
seiner Befreiung und dem Messias im Mittelpunkt. Die Jünger erklären dem Fremden, der sich uninformiert gibt, dass sie gehofft
(elpizein) hatten, dass Jesus, ein „Prophet, machtvoll in Tat und
Wort" (19b), derjenige sei „der Israel befreien würde" (21). Sie
zweifeln aber daran, denn er wurde gekreuzigt, und auch der Bericht der Frauen vom leeren Grab, von der Engelserscheinung im
Grab und deren Aussage, „er lebt" (23b), überzeugt sie nicht. Sie

23 Bovon, ebd., 550: 24,13f. Einleitung, 15–19a Umrahmung, 19b–27 Dia-
      log, 28–32 Umrahmung, 33–35 Schluss.
24 Ebd.
25 Wolter, ebd., 787: „antiklimaktisch", „geringe(r) Stellenwert dieser Episode".
26 Bovon, ebd., 552.

sind „unverständig und langsam im Herzen" (25), welches in der biblischen Körpermetaphorik als Sitz des Verstandes und der Entschlüsse gilt.[27] Jesus selbst, der immer noch unerkannt ist, legt ihnen die Schriften aus und kommt zu dem Ergebnis, „dass der Messias leiden und in seine Herrlichkeit (doxa) hineingehen muss" (26). Am Ende des zentralen Dialogs weiß der/die Leser/in und Hörer/in der Erzählung alles, was er/sie wissen muss: Jesus ist in Übereinstimmung mit den Schriften des Gottesvolkes der Messias, der Israel befreien wird.

Diese Aussage in Lk 24,21, die das Evangelium so deutlich mit den Hoffnungen Israels verbindet, ist weder eine anachronistische noch eine isolierte Aussage im lukanischen Schrifttum.[28] Vielmehr wird auch der Apostel Paulus nach Darstellung des Lukas in Rom vor den dortigen Juden zum Ausdruck bringen, dass er in voller Übereinstimmung mit der Tora „diese Ketten um der Hoffnung Israels (elpis tou Israēl) willen" trägt (Apg 28,20). Der Verfasser von Evangelium und Apostelgeschichte bewahrt bis in seine Gegenwart die „Hoffnung für Israel".[29]

Die Emmausperikope hat eine wichtige Stellung im Zusammenhang des lukanischen Kerygmas, nach dem der leidende Gerechte (Lk 23,47) nicht im Tod bleibt (24,12), sondern „lebt" (24,23b), den Jüngern erscheint (24,34b) und ihnen den Auftrag zur Verkündigung gibt (24,46–48). Die Bestätigung, dass Jesus derjenige ist, der das Gottesvolk „befreien" wird, ist die zentrale Botschaft, die am Wandel der zwei Jünger von Menschen, die nicht erkennen und verstehen, zu Menschen, denen die Augen geöffnet wurden und die verstehen, veranschaulicht wird. An diesem Wandel der Jünger erkennt man die Art und Weise, wie die Botschaft wirkt. Sie hebt am Beispiel der zwei Emmausjünger die Verstockung des Gottesvolkes auf, von der Jes 6,9f. spricht (vgl. Apg 28,26f.): Vom Nichtsehen zum Sehen, vom Nichtverstehen zum Verstehen, von der Trägheit des Herzens zum Glauben, von der Isolation außerhalb der Stadt zur Gemeinschaft mit den Jüngern in Jerusalem.

27 S. Schroer/Th. Staubli, Die Körpersymbolik der Bibel, Darmstadt ²2005, 35.
28 Anders Wolter, ebd., 145; Klein, ebd., 727.
29 J. Schröter, Heil für die Heiden und Israel. Zum Zusammenhang von Christologie und Volk Gottes bei Lukas, in: C. Breytenbach (Hg.), Die Apostelgeschichte und die hellenistische Geschichtsschreibung, Leiden 2004, 284–308, hier 308.

4. Sprachereignis

Die Emmausperikope *berichtet* von einem Sprachereignis. Den beiden Emmausjüngern werden durch die Auslegung der Schrift die Augen und der Verstand dafür geöffnet, dass ihre Hoffnung auf die Befreiung Israels zu Recht weiter besteht, denn der Messias lebt. Dieser Text *ist* aber auch selbst ein Sprachereignis, weil er dem/der Leser/in und Hörer/in des Textes die Neuorientierung der Menschen vor Augen stellt, die durch die konzentrische Mitte des Textes, „dass er lebt" (Lk 24,23b), getragen wird. Er zieht seine Leser/innen in diese Geschichte hinein, indem er ihnen anbietet, die Sichtweisen und das innere Erleben der Jünger zu teilen, und so deren Weg mitzugehen, der von der ernüchterten Hoffnung über die Botschaft der Engel zum Verstehen der Schrift und zur Mahlgemeinschaft mit Jesus im „Brechen des Brotes" führt. Aber auch damit endet er nicht, denn die Erfüllung der auf Befreiung und Rettung des Gottesvolkes ausgerichteten Terminologie des Heils lässt den Blick der Jünger nicht alleine in der Gegenwart der Kirche verharren, sondern richtet ihn auf die gemeinsame Zukunft des Gottesvolkes aus allen Völkern.

Die Emmausperikope erreicht auf diese Weise auch heute die Gegenwart der Leser/innen und Hörer/innen. Sie berichtet von der Präsenz Jesu, die einerseits rätselhaft und andererseits offensichtlich ist. Das verweist auf den Zeichencharakter des Abendmahls. Sie bleibt aber nicht dabei stehen, sondern macht auch auf die noch ausstehende Erfüllung des zugesagten Heils aufmerksam. Das Alles berichtet diese Erzählung in einem nüchternen Rahmen. Es sind einfache Menschen und eine kleine Gruppe, denen das Geschehen zum Ereignis wird. Dennoch gilt das nicht als Schwäche, sondern als genau der Ort, an dem sich das von Gott zugesagte Heil ereignet. Es ist diese grob skizzierte Wirklichkeit der beiden Jünger auf dem 11 km langen Weg von Jerusalem nach Emmaus und zurück, die sich neu konstituiert. Am Anfang sind sie alleine ohne Christus, am Ende der Erzählung sind sie es wieder, aber auf eine andere Weise. Dazwischen hat sich die Begegnung ereignet, die vieles unverändert lässt, aber doch alles neu sehen und verstehen lässt. Die Spannung zwischen dem abwesenden und dem präsenten Christus, die das christliche Leben auch heute prägt, ist in diesem Text des Neuen Testaments auf besonders vielfältige Weise zum Ausdruck gebracht. Hier liegt die Wirklichkeit, die den Menschen, die das Wort des Neuen Testaments geschrieben haben, und denjenigen, die es heute hören, gemeinsam ist. Wenn dieser Text zum Sprachereignis wird, dann wird die Botschaft der Auferstehung zur Befreiung, indem sie die Wirklichkeit jedes Menschen in das Licht der von Gott kommenden Befreiung stellt.

Predigt und Gottesdienst

Hans-Helmar Auel

Lk 24,13–36 – Predigt

Auf dem Weg in das Land der untergehenden Sonne, westwärts, Schritt für Schritt, die Schatten werden länger, die hinter uns fallen und auf die Stadt Jerusalem in den Bergen. Zwei Männer gehen gemeinsam diesen Weg nach Emmaus, setzen Fuß vor Fuß, ein Tempo, das ihre Seele mitgehen kann, denn auch unsere Seele geht zu Fuß. All das, was sie in Jerusalem sahen, hörten und erlebten, wälzen sie in Kopf und Herz hin und her, immer wieder, suchen nach Worten, um das Unsagbare zu sagen und auszudrücken, was sich so tief in sie eingedrückt hat. Alles Erlebte will aber auch begangen und durchgegangen sein. Das ist hilfreich und notwendig, buchstäblich ihre Not wendend. So gehen sie miteinander, reden miteinander und schweigen sich nicht an. Komm, reden wir zusammen. Wer redet ist nicht tot (G. Benn).

Zwei Männer westwärts unterwegs in das Land der untergehenden Sonne, und ihre Hoffnung will längst mit untergehen. Aber wes das Herz voll ist, des läuft der Mund über, und wer redet, öffnet sich. Solange du noch einen Mund hast, suche nach Worten und rede, geht doch da einer neben dir auf gleichem Weg und hört aus deinem Mund, was er gerne selbst sagen möchte, und spricht aus, was das Gehörte in ihm auslöste und bewegte. Zum Mitteilen ist der Mund da. Wer mitteilt, der teilt und teilt aus. Mitgeteilte Angst und Not werden zum Nährboden, in dem die Hoffnung Wurzeln schlagen und wachsen kann, langsam, schrittweise, Stück für Stück. Unterwegs sind wir, manchmal allein, manchmal zu zweit. Unser Weg entwickelt sich, ohne dass wir wissen, was auf uns zukommt, ohne dass wir wissen, wer zu uns kommt.

Wir wissen nicht, was kommt.
Wir wissen nur, dass jeder Tag
mit allem, was er bringen mag,
aus Gottes Händen kommt. (K. Rommel)

Begegnung auf dem Weg westwärts in das Land der untergehenden Sonne. Alles wirkliche Leben ist Begegnung, sagt Martin
Buber. Ein Dritter naht sich und geht mit. Sie erkennen ihn nicht,
konnten ihn nicht erkennen. Auf Anhieb ist der Auferstandene
nicht zu erkennen. Sie sollten ihn wohl auch nicht erkennen: Ihre
Augen wurden gehalten. Die Worte verraten, dass es Gott selber
ist, der sie sehend doch blind sein lässt. Hinterher ist man klüger,
so sagen wir. Das Leben wird vorwärts gelebt und rückwärts verstanden (S. Kiekegaard).

Drei Männer unterwegs westwärts in das Land, da die Sonne
untergeht. Zwei teilen die Steine auf einem Stück ihres Weges, die
Stolpersteine, über die sie fielen und sich weh taten. Der Dritte
hört von den Steinen und dem Schmerz, ist am Ende selber der
Stolperstein, und fragt: Was sind das für Dinge, die ihr miteinander verhandelt unterwegs? Eine Frage, einmal gestellt, ist nicht
mehr aus der Welt zu schaffen, nistet sich ein in unsere Gedanken,
beginnt ein Eigenleben zu führen, wartet auf Antworten, zwingt
die Gedanken zum Innehalten und uns Menschen, die wir unterwegs sind, auch. Du musst dich auf die Fragen einlassen, kannst sie
dir nicht einfach aus dem Kopf schlagen. Fragen sind der Schlüssel,
der Türen öffnet, die aus den Zimmern der gewohnten Gedankengänge heraus führen in neue Welten hinein, an die wir nicht mehr
glaubten, sie höchstens noch erhofften. Manchmal drehst du dich,
gefangen in deinen Fragen, wie im Kreis, aber das Reden und Mitteilen sucht und findet neue Wege, und seien es die alten, die doch
in einem neuen Licht erstrahlten.

Drei Männer unterwegs westwärts in das Land, da die Sonne
untergeht, halten unterwegs inne. Eine Frage wird durch eine Ge-
genfrage auf ihren Sinn abgehorcht: Bist du der Einzige unter den
Fremden in Jerusalem, der nicht weiß, was in diesen Tagen dort
geschehen ist? Im Herzen wohnt eine traurige Gewissheit, doch
breitet sich Unverständnis aus. Einer der Drei kommt aus der Ano-
nymität und bekommt einen Namen: Kleopas. Er redet, er fragt
zurück, wird wieder gefragt. Es sind diese kleinen Worte, die eine
Quelle zum Laufen bringen, und ihre Worte sprudeln nur so hervor. Sie drücken aus, was sich tief in sie eingedrückt hat. Was haben
sie von den Geschehnissen in Jerusalem zu sagen? Sie erzählen von
Jesus von Nazareth. Was wissen sie von ihm zu sagen?

Ein Prophet war er, hatte sein Ohr am Herzen Gottes. Seine Worte
und Taten waren stimmig und zeugten von der Macht Gottes. Ihn

haben die Hohenpriester und Oberen kreuzigen lassen, und damit ist alle Hoffnung auf Erlösung des Gottesvolkes dahin. Jesus der Messias? Am Kreuz gestorben und mit ihm alle Hoffnung auf Erlösung.

In wenigen Worten verdichten sich Leben und Leiden, in wenigen Worten zieht die Passionsgeschichte an uns vorbei, in wenigen Worten alle Hoffnung und Traurigkeit, alle ernüchterte Hoffnung. Schritte eines Glaubensbekenntnisses, und heute ist der dritte Tag. Immer wieder wird dieser dritte Tag heraufbeschworen, als berge er ein Geheimnis und wecke eine Ahnung. Mitten drin das Erschrecken, dass er nicht mehr im Grab ist, der gekreuzigte Messias, und Erschrecken über die Botschaft der Engel. Kontrollgänge bestätigen das Berichtete, „aber ihn sahen sie nicht"! Wir sehen, was vor Augen ist, aber wir erkennen das Geschaute nicht. Was erwartet uns, wenn wir auf Gott warten?

Auf dem Weg westwärts in das Land, da die Sonne untergeht, fängt der dritte Mann am dritten Tag zu reden an und legt ihnen die ganze Schrift aus. Auf die Schrift wird ihr Blick gerichtet. Dort können ihre gehaltenen Augen lesen und ihr träges Herz verstehen, ist doch das Herz der Ort, wo der Verstand sitzt und die Entschlüsse heranreifen. Wenn wir nicht mehr weiter wissen, brauchen wir jemanden, der uns die Schrift auslegt. Im Gespräch über die Schrift öffnen sich Geheimnisse. Im Hören auf das Gotteswort gehen unsere Ohren auf und unser Herz brennt. Es ist das Herz, das Gott wahrnimmt, nicht der Kopf (B.Pascal). Was aber geschieht mit uns, wenn wir, die wir die Schrift gepflegt in unseren Bücherschränken stehen haben, an Schriftvergessenheit leiden?

Alle Auslegung am dritten Tag mündet in den einen fragenden Satz, und das Ja als Antwort wird nicht mehr gegeben, weil es klar und eindeutig ist: Musste nicht Christus dies erleiden und in seine Herrlichkeit eingehen? Wieder gibt uns die Sprache einen Fingerzeig. Jesus ist in Übereinstimmung mit den Schriften der Messias, der das Gottesvolk befreien wird. Er musste sterben und in seine Herrlichkeit eingehen, in den Glanz Gottes, aus dem er einst kam. In seinem Kreuzestod und seiner Auferweckung liegt unser ganzes Heil. So sagen es die Schriften. So sagt es der Auferstandene. So ist der Weg Gottes mit uns, und wir sind unterwegs, um Schritt für Schritt verstehen zu lernen, uns das Herz anrühren und die Augen öffnen zu lassen.

Drei Männer unterwegs westwärts in das Land, da die Sonne untergeht. Das Dorf ist nahe, der Tag neigt sich, Abend will es werden, zur Ruhe möchte man kommen, dem unruhigen Herzen Ruhe geben und der aufgeschreckten Seele ein Nest, wo sie Geborgenheit und Wärme findet. Was bleibt am Ende des Tages, bevor wir in die Dunkelheit der Nacht gehen? Welchen Hoffnungsschimmer nehmen wir mit aus dem, was wir auf dem Weg alles durchgekaut haben? Aus ihrer Not heraus nötigen sie ihren Begleiter: Bleibe bei uns; denn es will Abend werden und der Tag hat sich geneigt. Unterwegs sind wir, haben hier keine bleibende Stätte, möchten doch dem bergenden Augenblick Dauer verleihen, und sei es nur ein bisschen. Bleibe bei uns. Der Herr wird genötigt. Und er lässt sich nötigen.

Drei Männer am Abend, da die Sonne untergegangen ist, kommen zur Ruhe, sitzen am Tisch. Der Mund öffnet sich und nimmt in sich auf auch das, woran wir zu kauen haben. Und er nahm das Brot, dankte, brach's und gab's ihnen. Zeichen und Gesten verdichten die Ahnung zur Gewissheit. Was aus dem Dunkel aufschimmert, wird zum bergenden Glanz Gottes, und die Sprache verrät wieder, was eigentlich geschieht: Es ist Gott, der ihnen die Augen öffnet. Wieder sind sie allein ohne den Messias, aber auf eine andere Weise. Da erinnern sie sich: Brannte nicht unser Herz in uns, als er mit uns redete auf dem Weg und uns die Schrift öffnete? Was auf dem Weg noch rätselhaft war, erhellt sich Schritt für Schritt und wird unter den Worten und Zeichen offensichtlich. Wir gehen vorwärts und verstehen rückwärts. Wer weiß, wie es war, weiß doch nicht, wie es kommen wird, glaubt nur voller Hoffnung, dass der Herr kommen wird, um alles zu erfüllen, was er zugesagt hat. In der Gewissheit der Antwort stehen sie auf. Ihr Weg führt sie zurück nach Jerusalem.

Zwei Männer unterwegs ostwärts in dunkler Nacht in das Land, da die Sonne aufgeht, wo alles seinen Anfang nahm. Sie finden die Elf zusammen mit anderen, und ihre Worte münden im Bekenntnis: Der Herr ist wahrhaftig auferstanden. Sie berichten von der Begegnung, die vieles unverändert, aber doch alles neu sehen und verstehen lässt, erzählen von dem Weg, der mit der Auslegung der Schrift begann und in der Mahlgemeinschaft Gewissheit gab. Kommunikation mündet in Kommunion (H.-P. Dürr). In den Worten der Schrift und den Zeichen des Mahls öffnet sich Gott, gibt Anteil an seinem Heil und heilt heilloses Leben schon jetzt und in alle Ewigkeit. Unser Herz wird brennen, wenn er uns unterwegs begegnet.

Lk 24,13–36 – Gottesdienst
Ostermontag I

Psalm 15

Bittruf
Da dachte ich: Ich will nicht mehr an ihn denken und nicht mehr in seinem Namen predigen. Aber es ward in meinem Herzen wie brennendes Feuer, in meinen Gebeinen verschlossen, dass ich's nicht ertragen konnte; ich wäre schier vergangen (Jer 20,9). Du aber, o Herr, erbarmest dich unser.

Lobpreis
Wo zwei oder drei versammelt sind in meinem Namen, da bin ich mitten unter ihnen (Mt 18,20). Dem Allmächtigen lobsingen wir mit allen Christen auf Erden, mit allen Toten unten in der Erde, mit allen Zukünftigen, die noch getauft werden, und mit allen Engeln in den Himmeln.

Kollektengebet
Du weißt, woher der Wind so stürmisch weht,
und du gebietest ihm, kommst nie zu spät.
Drum wart ich still,
dein Wort ist ohne Trug,
du weißt den Weg für mich,
das ist genug. Amen
(Hedwig von Redern)

Lesungen
1 Kor 15,12–20
Jes 25,8–9

GEBET

Auf dem Weg sind wir, vorsichtig Fuß vor Fuß setzend, fröhlich manchmal und übermütig. Was wären wir, wenn du, o Herr, nicht mit uns unterwegs wärst durch unsere Tage. Dein Anspruch weckt uns auf, dein Zuspruch stärkt uns, dein Wort deutet das Vergangene und klärt das Kommende. Deshalb bleibe bei uns.

Fröhlich ziehen wir unsere Straße und manchmal betrübt, ahnen den Wert des Augenblicks, können ihn doch nicht halten, tragen ihn aber in uns. Du, o Herr, hast uns einen Weg selbst durch den Tod in deine Ewigkeit verheißen und bist uns diesen Weg durch Leid und Tod vorangegangen. Bleibe du bei uns, wenn sich unsere Tage neigen und tritt du dann hervor, wenn es uns am allerbängsten ist.

Auf dich, o Herr, schauen wir, leben von einem jeglichen Wort, dass aus deinem Munde kommt, auch wenn wir unter den vielen Worten unserer Tage oft genug dein Wort nicht mehr hören und es gar vergessen. Öffne du unsere Augen, dass wir mehr schauen als das Vorfindliche. Öffne du unsere Ohren, dass wir mehr hören als das, was wir hören sollen. Öffne du unser Herz, dass es brenne, wenn wir dir begegnen. Amen.

LIEDER

Erstanden ist der heilig Christ (EG 105)
Singen wir heut mit einem Mund (EG 104)
Auf, auf, mein Herz, mit Freuden (EG 112)
Ich steh in meines Herren Hand (EG 374)
Bleib bei mir, Herr! (EG 488)
Wer nur den lieben Gott (EG 369)

BAUSTEINE

Das Lied „Auf dem Weg westwärts", abgedruckt in: Hans-Gerrit Auel/Hans-Helmar Auel/Amélie Gräfin zu Dohna, An Gott kommt keiner vorbei. Gottesdienste zu besonderen Gelegenheiten, DaW 137, S. 30 kann von einem Chor oder der Gemeinde gesungen werden.

Lk 13,22–27

Ursula Ulrike Kaiser

Worte auf dem Weg: Erste Beobachtungen zum Text

Gleich der erste Satz verortet die vorliegende Perikope im sog. „lukanischen Reisebericht".[1] Jesus ist auf dem Weg nach Jerusalem. Noch ist Zeit für Begegnungen und Lehre und auch für Heilungen, die hier nicht eigens erwähnt werden (vgl. aber Lk 13,10–17), doch die Bewegung ist gerichtet. Jesus kommt durch Dörfer – und auch durch Städte (V22), wie es für den städtisch geprägten Evangelisten selbstverständlich erscheint, aber das eigentliche Ziel ist die *eine* Stadt: Jerusalem, die für das lukanische Doppelwerk eine zentrale Bedeutung hat. Mitten auf diesem Weg fragt ein unbekannt bleibender Mensch Jesus nach denen, die gerettet werden. Es ist eine merkwürdige Frage, denn der Fragende scheint nur an der Zahl der Geretteten interessiert zu sein und gibt fragend schon eine Antwort vor: Sind es wenige? Wir erfahren aus dem Text nicht, was diesen Menschen zu jener Frage veranlasst hat; es ist eine von mehreren Leerstellen im Text. Ist es die Angst vor dem Gericht und vor der Möglichkeit, nicht zu bestehen? Oder will jener einzelne Fragende vielmehr die Exklusivität der Gruppe der Menschen um Jesus, zu denen er vermutlich selbst gehört, bestätigt wissen? Hofft er auf ein „Ja, wenige werden gerettet, aber ihr seid dabei"?

Auch die Antwort im Munde Jesu lässt manches offen: „Kämpft" (*agōnizesthe*), heißt es in V24, „bemüht euch" (Einheitsübersetzung), „ringt darum" (Luther 1984), „durch die enge Tür zu gelangen, denn viele, sage ich euch, werden versuchen hineinzugelangen,

---

1 Vgl. dazu die einschlägigen Kommentare. Im Folgenden werden v.a. herangezogen: F. Bovon, Das Evangelium nach Lukas. 2. Teilband: Lk 9,51–14,35. EKK 3/2. Zürich/Neukirchen-Vluyn 1996; H. Klein, Das Lukasevangelium. Übers. u. erkl. KEK I/3. Göttingen 2006; G. Schneider, Das Evangelium nach Lukas. Kapitel 11–24. ÖTK 3/2. Gütersloh/Würzburg 1977. Kritisch gegenüber dem Konstrukt eines lukanischen Reiseberichtes zeigt sich R. v. Bendemann, Zwischen Doxa und Stauros. Eine exegetische Untersuchung der Texte des sogenannten Reiseberichts im Lukasevangelium. BZNW 101. Berlin/New York 2001, 382 passim.

aber sie werden es nicht schaffen." Setzen wir voraus, dass mit dem Hineingehen durch die enge Tür die Rettung gemeint ist, dann ist in der Antwort Jesu die Bestätigung der Frage enthalten – aber mit einer entscheidenden Veränderung im Blickwinkel. Nicht mehr die „wenigen" *(oligoi)* Geretteten interessieren, sondern die „vielen" *(polloi)*, die es nicht durch die enge Tür geschafft haben. Nachdem der Hausherr die Tür geschlossen hat, endet der Text dementsprechend auch nicht, sondern schließt eine zweite Szene an: Die vor der Tür Stehenden beginnen anzuklopfen, aber sie werden abgewiesen. Sie versuchen es erneut, aber die Abweisung wird vom Hausherrn wiederholt und verschärft.

Hier endet der für den Bußtag vorgegebene Textabschnitt, die Verse 28–30 sind nur in Klammern hinzugefügt, im Evangelium jedoch geht die Rede ohne Unterbrechung weiter, ohne dass ganz deutlich wird, ob immer noch der Hausherr aus V27 spricht oder nun eher Jesus selbst sich wieder an die Zuhörenden bzw. Lesenden wendet.[2] Heulen und Zähneklappern wird den draußen Stehenden angekündigt, „wenn ihr Abraham, Isaak und Jakob und alle Propheten im Reich Gottes sehen werdet, euch aber hinausgeworfen draußen". Ganz anders als das Bild von der engen Tür, durch die viele nicht hindurchkommen, kündigt V29 dann einen Zuzug aus allen Himmelsrichtungen zum Gastmahl im Reich Gottes an, V30 schließlich fügt das bekannte Wort von den Letzten, die Erste werden, und umgekehrt, hinzu. Es wird deutlich, dass die Verse 28–30 zwar inhaltlich an das zuvor geschilderte Szenario anknüpfen, zugleich aber neue Bilder und Themen einführen. Daher kann man hinter V27 einen Schnitt machen, wie es der Vorschlag für den Predigttext tut, denn mit V28 wird die Handlung vor der verschlossenen Tür endgültig verlassen. Dennoch geben die Verse 28–30 wichtige Hinweise für die Deutung von V22–27 im vorliegenden lukanischen Kontext und können aus der Exegese dieser Verse nicht ohne Weiteres ausgeblendet werden. Es handelt sich um Logien, die auch bei Mt belegt sind,[3] so wie dies auch für das

---

2   So Bovon 427; anders Bendemann 293. Mit „Jesus" ist hier und im Folgenden immer der erzählte Jesus gemeint und keine Aussage über den möglichen historischen Kern der Begebenheit verbunden.

3   Vgl. zu Lk 13,28f. Mt 8,11f., allerdings in einer gegenüber Lk umgekehrten Reihenfolge. Vgl. außerdem Mt 19,30 und 20,16 zu Lk 13,30 und das von Mt neben 8,12 noch mehrfach wiederholte „Heulen und Zähneklappern" in Mt 13,42.50; 22,13; 24,51 und 25,30.

Bild von der engen Tür selbst gilt, das sich in Mt 7,13f. in einer Version findet, die sich von der lukanischen allerdings signifikant unterscheidet.

Das Bild von der engen Tür: Lk und Mt

Dass die matthäische Version von dem engen *Tor (pylē)*,[4] wie es hier (Mt 7,13f.) im Unterschied zur engen Tür *(thyra)* in Lk 13,24 heißt, bekannter ist, mag daran liegen, dass sie Teil der viel rezipierten Bergpredigt ist. Außerdem aber begegnet das enge Tor bei Mt in Verbindung mit dem Bild vom schmalen und vom breiten Weg und damit zusammen mit einer weit verbreiteten Vorstellung, wie sie z.B. schon Hesiod belegt[5] oder auch Ps 1,6 als Weg der Gottlosen in Gegenüberstellung zum Weg der Gerechten oder ausführlich die ersten Kapitel der Didache.[6] In Entsprechung zu den zwei Wegen redet Mt 7,13 neben dem engen auch von einem weiten Tor. Worum es geht, ist eine Entscheidung zwischen beiden. Lk 13,24 spricht dagegen nur von *einer* Tür. Worum es geht, ist der Kampf ums Hineinkommen. Ob Lk die ursprüngliche Form des Logions in seinem Sinne gekürzt hat oder ob man vielmehr mit einer Erweiterung bei Mt rechnen muss, ist in der Exegese umstritten.[7] Die matthäische Fassung als Zwei-Wege-Lehre bietet ethisch zweifellos bessere Anknüpfungspunkte und fügt sich insgesamt gut in die matthäische Theologie ein. Das könnte für die stärkere Ursprünglichkeit der lukanischen Version sprechen. Mt hätte das

---

4   Gemeint ist ein Stadt- oder Tempeltor, vgl. U. Luz, Das Evangelium nach Matthäus. 1. Teilbd.: Mt 1–7. EKK I/1. Zürich/Neukirchen-Vluyn [5]2002, 517.

5   Hesiod, Opera et Dies, Z. 287–294; vgl. dazu auch Luz 516, Anm. 15: „im Gefolge von Hesiod wurden die beiden Wege meist als der leichte zur *[kakia]* und der beschwerliche zur *[aretē]* interpretiert" (vgl. ebd. für weitere Bsp.).

6   Vgl. Did 1,2–4,14 (der Weg des Lebens) gegenüber Did 5,1f. (der Weg des Todes).

7   Bovon 428 ist insgesamt skeptisch gegenüber einer gemeinsamen Q-Vorlage; Luz 516 und Schneider 305 plädieren für Erweiterungen bei Mt; auch Klein 486f. meint, dass Lk im Wesentlichen nur umformuliert habe; S. Schulz, Q. Die Spruchquelle der Evangelisten. Zürich 1972, 309–311, dagegen argumentiert, dass Lk gekürzt habe. Ausführliche Hinweise zu verschiedenen Forschungspositionen finden sich u.a. bei Bovon 428, Anm. 4 u. 6, und Klein 487, Anm. 6–11.

zugrunde liegende Bild vom Hineingehen durch die enge Tür/das
enge Tor dann in seinem Sinne mit der bekannteren Vorstellung
von den zwei Wegen verknüpft und überarbeitet.[8] Sicher lässt sich
das aber nicht entscheiden, und für die Deutung der Perikope Lk
13,22–27, so wie sie uns vorliegt, ist das letztlich auch unerheb-
lich. Wichtig ist vielmehr die Erkenntnis, dass die gedankliche
Verbindung der engen Tür mit dem engen und dem breiten Weg
allein auf Mt 7,13f. basiert und nicht in die Auslegung von Lk
13,22–27 eingetragen werden darf.

In Lk 13,24 geht es nur um eine einzige, enge Tür, durch die
viele in das Haus des in V25 erstmals auftretenden Hausherren
(*oikodespotēs*) hineingelangen wollen. Was im Haus stattfinden
soll, lässt das Bild offen. Die vorangehende Frage in V23 nach den
wenigen Geretteten legt aber nahe, das Hineingelangen in das
Haus als Metaphorisierung der Rettung zu deuten (s. auch V29).
Dass der Hausherr in V25 die Tür schließt, weist auf einen weiteren wichtigen Zug des Lk-Textes gegenüber der Mt-Version: Prob-
lematisch an der Enge der Tür ist, dass die *Zeit* begrenzt ist, um
hindurchzugehen, nicht aber, dass man sie ihrer Kleinheit wegen
nicht finden könnte (vgl. Mt 7,14b) oder dass man sie wegen der
v.a. mit dem schmalen, bedrängten[9] *Weg* assoziierten Schwierigkeiten meiden möchte. Im Gegensatz zu Mt sind es bei Lk viele, ja
zu viele, die sich vor der engen Tür drängen, um hineinzugelangen. Befremdlich bleibt in diesem Bild vom Gedränge vor der Tür
die Aufforderung Jesu: „Kämpft!" (V24), die ausgefahrene Ellbo-
gen und weitere Handgreiflichkeiten vor das innere Auge der Lesenden malt, aber darüber hinaus nicht erkennen lässt, was jene
wenigen für die Rettung qualifiziert, die sie erlangen. Liegt das
Ziel dieser Aussage darin, jenen Menschen, der nach den wenigen
Geretteten gefragt hatte, aus der vermeintlichen Sicherheit zu reißen,
er könnte jetzt schon wissen, ob er dazugehört?

Aber das ist zu matthäisch gedacht, weil es die Gruppe der vielen
Menschen vor der „richtigen" Tür zu homogen versteht, so nämlich, als hätten sie alle die richtige Entscheidung für die enge Tür
bereits getroffen und das Verstörende am Text wäre, dass sie dennoch nicht alle hineinkommen. Auch bei Lk ist es zweifellos die

---

8 Vgl. dazu ausführlicher Luz 515–517.
9 Zur Bedrängnis auf dem „schmalen Weg" *(hodos tethlimmenē)* vgl. Luz
   517f.

„richtige" Tür, die zum Festmahl im Gottesreich (vgl. V29) führt, durch die die vielen hineingehen wollen, aber ihre Voraussetzungen sind durchaus verschieden. Nur zu denen, die sich um Jesus versammelt haben, um seine Lehre zu hören, sagt er „Kämpft!" (Imperativ Präsens). Ihnen gegenüber begründet er die Notwendigkeit des Kampfes mit der Enge der Tür. Sie wissen also, was sie erwartet und worum es geht. Sie können sich entsprechend vorbereiten.[10] Die vielen jedoch, von denen Jesus im Anschluss spricht, die dann versuchen werden (Futur! außerdem *zētein*, nicht *agōnizesthai*) hineinzugelangen, wüssten davon nur, wenn sie Jesus gehört hätten, so aber entdecken sie – im Bild gesprochen – erst bei ihrer Ankunft am Haus das Problem der engen Tür. Dann aber ist es zu spät: Beide Prädikate in V24b beziehen sich auf das gleiche Subjekt, die vielen. Sie werden versuchen hineinzukommen *und* sie werden es nicht schaffen, denn in V25 schließt der Hausherr die Tür.[11]

Erst hier kommt der Aspekt der Zeit im Text ausdrücklich vor, unterschwellig ist er durch die Logik des Bildes vom Gedränge vor der engen Tür aber bereits vorgegeben (s.o.). Auch das erst durch V29 (und V26) nachträglich präzisierte Geschehen im Haus als Festmahl unterstreicht die Beschränkung der Zeit. Wenn Menschen Einlass in ein Haus suchen, um an einem Festmahl teilzunehmen, dann kann es sich nur um eine zeitlich eingegrenzte Frist handelt, innerhalb derer die Gäste ankommen, bevor die Tür geschlossen wird und das Festmahl beginnt.

Immer wieder begegnet in der exegetischen Literatur die Auffassung, dass Lk mit der Aufforderung zum „Kämpfen" in V24 das ursprüngliche „Eintreten" ersetzt und „zur ethischen Forderung"[12] umgestaltet habe. Das entspricht zwar einer in antiken Texten auch anderswo belegbaren Vorstellung vom Leben als Kampf mit den

---

10 Darin liegt ein wichtiger Aspekt des griechischen *agōnizesthai*, das in erster Linie den sportlichen Wettkampf beschreibt (vgl. G. Dautzenberg, Art. *agōn, agōnizomai*. EWNT 1, 1980, 59f.), der nur erfolgreich bestanden wird, wenn die Athleten sich adäquat darauf vorbereiten. Auch Bovon (432) verweist auf diesen Aspekt der Vorbereitung im Zusammenhang mit Lk 13,24.

11 S. dazu auch Anm. 16.

12 Schneider 306; vgl. ähnlich auch P. Hoffmann, Pantes ergatai adikias. Redaktion und Tradition in Lc 13,22–30, ZNW 58, 1967, 188–214, hier 196f.; etwas zurückhaltender in der Formulierung Bovon 432.

entsprechenden Anstrengungen und nötigen Entbehrungen,[13] passt aber wiederum eher zum matthäischen Bild vom (schmalen) Weg, auf dem sich die ethische Lebenshaltung über eine längere Strecke bewähren kann und muss. Bei Lk aber ist die Zeit gedrängt. Auch die, die wissen, was sie erwartet, weil sie Jesus gehört haben, müssen um den Einlass durch die enge Tür „kämpfen". Lk 13,24–27 metaphorisiert nicht das Leben mit den Entscheidungen und Entbehrungen, die es fordert,[14] sondern das Gericht.[15] Der Kampf ist ein endzeitlicher, kein ethischer.

Das mag für eine gegenwärtige Auslegung vielleicht weniger anschlussfähig sein, entspricht aber dem Bild in Lk 13,24ff. Außerdem bleibt zu beachten, dass Jesus in seiner Antwort den Blickwinkel von den wenigen Geretteten auf die vielen, die vor der Tür bleiben, verschiebt. Die vorliegende Perikope sagt weniger darüber, wie man durch die enge Tür hineinkommt, als darüber, warum viele es nicht schaffen.

Vor der verschlossenen Tür

Nachdem der Hausherr die Tür verschlossen hat,[16] beginnen die draußen Stehenden anzuklopfen und um Einlass zu bitten. Ihre Bitte wird vom Hausherrn jedoch kategorisch abgelehnt. Das „Ich

13 Zu Bsp. s. Dautzenberg 60. Neutestamentlich nutzen besonders Paulus und in seinem Gefolge die Deuteropaulinen diese Metaphorik: vgl. 1Kor 9,25; Phil 1,30; 1 Thess 2,2; aber z.B. auch Hebr 12,1 u.a.

14 Allenfalls für V24 allein könnte das noch eine Deutungsmöglichkeit sein, in der Fortsetzung durch V25ff. und der Erwähnung der Tür, die geschlossen wird, handelt es sich aber deutlich um Gerichtsmetaphorik. Wieder gibt es eine Mt-Parallele: Das Gleichnis von den klugen und törichten Jungfrauen in Mt 25,1–13, wieder ist es der matthäische Text, der ethischer akzentuiert ist.

15 Darauf verweist auch die keinesfalls zufällige Erwähnung von Jerusalem als Ziel von Jesu Unterwegs-Sein in 13,22. In Jerusalem sind Tod und Auferweckung Jesu lokalisiert, die Entscheidung für oder gegen Jesus, Gericht und Rettung; vgl. auch die der Perikope unmittelbar folgende zweifache Erwähnung Jerusalems in 13,33.34.

16 Dies ist einer der „extravaganten Züge" des Bildes: Bei entsprechendem Vermögensstand wäre es zweifellos die Aufgabe eines Sklaven gewesen, die Tür zu bewachen (vgl. Mk 13,34!). Für den Fortgang der Handlung und die sich entspinnende Debatte an der Tür ist es aber wichtig, dass der Hausherr selbst diese Aufgabe übernimmt.

kenne euch nicht" – bei Lk noch zusätzlich verbunden mit einem
„Woher seid ihr?" – erinnert an die entsprechende Auskunft, die
die törichten Jungfrauen an der ebenfalls verschlossenen Tür in Mt
25,12 erhalten. Anders als jene geben sich die vielen vor der Tür in
Lk 13,26 damit aber nicht zufrieden, sondern widersprechen. Sie
verweisen auf Begegnungen, die sie mit dem Hausherrn in der Vergangenheit hatten, wodurch zugleich deutlich wird, dass Jesus und
der Hausherr spätestens hier miteinander identifiziert werden.[17]
Die Verschränkung zwischen Gleichnis und erzählerischer Rah-
mung beginnt aber bereits im Vers zuvor mit der als allgemein
deutbaren, aber auch auf Jesus beziehbaren Anrede des Hausherrn
als *Kyrios* (vgl. V23), viel mehr aber noch durch die direkte Anrede
an die Zuhörenden (bzw. Lesenden) in der 2. Pers. Plur. Nur in
V24 wird in der 3. Pers. *über* die vielen geredet, die es nicht schaffen,
durch die enge Tür hineinzukommen.

Die Einwände der draußen Stehenden sind aufschlussreich. Sie
sollen Gemeinschaft begründen und so die Behauptung des Hausherrn, dass er sie nicht kenne, entkräften, belegen aber vielmehr
ihre Distanz: „Wir haben *vor (enōpion)* dir gegessen und getrun-
ken", sagen sie (V26) – das heißt aber nicht, dass sie *mit* ihm
Mahlgemeinschaft gehabt hätten,[18] so wie Jesus *mit (meta)* den
Zöllner und Sündern isst (Lk 5,30; 15,2). „Du hast auf unseren
Straßen gelehrt" (V26), sagen sie – das heißt aber nicht, dass sie
diese Lehre auch gehört und befolgt hätten. Der Text verweist hier
implizit und mit geschickter Pragmatik auf sich, stellt er doch
selbst ein Stück jener Lehre Jesu unterwegs auf den Straßen, in
Städten und Dörfern (V22) dar. Hätten die, die im Gleichnis nun
draußen stehen, Jesu Worte in V24ff. gehört, dann hätten sie vom
nötigen Kampf um den Eingang durch die enge Tür rechtzeitig
gewusst und müssten sich nun wohl nicht *vor* der Tür wiederfinden. Wieder spielt die Zeit eine Rolle: Innerhalb der Gleichniser-
zählung liegt die Zeit der Begegnung mit dem Hausherrn/Jesus

---

17 Jesus redet allerdings weiter vom Hausherrn in der dritten Person, so dass
   immer beide im Blick bleiben: der Hausherr in seiner Rolle im Gleichnis
   und Jesus als Erzähler dieses Gleichnisses, der lehrend durch die Städte und
   Dörfer zieht und eine Gemeinschaft um sich sammelt.
18 So auch Bovon 434; anders und m.E. unbegründet dagegen Klein 489 mit
   Anm. 26, unverständlich bleibt auch die Argumentation bei I. H. Marshall,
   The Gospel of Luke. A Commentary on the Greek Text. New International
   Greek Testament Commentary. Exeter 1978, 566.

zurück. Die draußen Stehenden haben sie nicht genutzt. Jetzt ist
die Tür verschlossen und ein nachträgliches Beharren auf einer Gemeinschaft, die es nicht gab, erfolglos. Für die vom Text direkt An-
gesprochenen aber ist der Text selbst der Moment der Begegnung
mit Jesus und mit seiner Lehre, und die Tür ist noch offen, wenn
auch nicht für lange und nicht ohne zu „kämpfen".

In V27 werden die draußen Stehenden nicht allein ein zweites
Mal abgewiesen, sondern mit einem Zitat aus Ps 6,9, das der Text
allerdings nicht als solches hervorhebt, zusätzlich als „Täter von
Unrecht *(adikia)*"[19] beschuldigt.[20] Es ist die erste Vokabel, die eine
ethische Wertung der Abgewiesenen ausspricht. Aber sie klappt
nach, sie kann nicht als Hauptgrund, sondern nur als zusätzliche
Erklärung dafür verstanden werden, warum die vielen draußen stehen
bleiben müssen. Sie reicht auch nicht aus, um von hier rückblickend
das geforderte „Kämpfen" in V24 doch noch stärker ethisch zu
profilieren (s.o.).[21] Aus dem Unrecht, das den draußen Stehenden
vorgeworfen wird, lässt sich nicht einfach umgedreht eine Forderung nach rechtem Verhalten gestalten, die in der Aufforderung
zum „Kämpfen" in V24 mitgemeint sei oder diese gar ersetzen
könnte. Indem Lk mit dem Bild von der engen und dann verschlossenen Tür das nahe und dann stattfindende Gericht metaphorisiert, bedeutet zu „kämpfen" vielmehr, so wie ein Athlet bei
den antiken Spielen, alle Kräfte zu konzentrieren, um das Ziel zu
erreichen und sich den Eintritt in das Haus zum Festmahl zu er-
streiten.

Mehr sagt der Text *via negativa* über jene, die dieses Ziel *nicht*
erreichen. Sie haben keine (Tisch-)Gemeinschaft mit Jesus und sie
nehmen seine Lehre zwar wahr, aber nicht auf. Anders als die, die
kämpfen, treffen sie keine Entscheidung, obwohl die Zeit drängt.

---

19 Lk hat dabei die in der Septuaginta-Version des Psalms genannte „Unge-
setzlichkeit" *(anomia)* durch das allgemeinere „Unrecht" ersetzt.
20 Diese Behauptung steht in einer gewissen Spannung zu der Aussage des
Hausherrn/Jesus, dass er die Anklopfenden nicht kenne. Gewichtige Text-
zeugen überliefern anders als in der ersten Antwort des Hausherrn von V25
in V27 nur „Ich weiß nicht, woher ihr seid". Es ist denkbar, dass es sich
dabei um eine der dargestellten Beobachtung entsprechende Textglättung
handelt.
21 So etwa Marshall 565, der mit V27 für V24 behauptet: „the difficulty of
repenting and turning from evil is in mind".

Und deshalb, so die harte, aber deutliche Aussage des Textes, bleiben sie am Ende vor der Tür stehen und es gibt keine Chance, nachträglich hineingelassen zu werden. Dass das Reich Gottes, das erst die Verse 28 und 29 ausdrücklich benennen und als den Ort des eschatologischen Festmahls (V29) dem Heulen und Zähneklappern „draußen" (V28) gegenüberstellen, bei Lk kurz zuvor in den Gleichnissen vom Senfkorn und vom Sauerteig (Lk 13,18–21) auch ganz anders metaphorisiert werden kann, sollte zur rechten Einordnung der vorliegenden Perikope aber auch gesagt sein.

Predigt und Gottesdienst

Hans-Helmar Auel

Lk 13,22–27 – Predigt

Zum Beten ist es nie zu spät. Aber es gibt ein zu Spät. In treffende
Worte hat es Franz Kafka („Der Landarzt") gefasst: „Einmal dem
Fehlläuten der Nachtglocke gefolgt, es ist niemals gutzumachen!"
Zur Umkehr ist es nie zu spät. Aber es gibt ein zu Spät. Es ist nie zu
spät, sich den letzten Lebensfragen zu stellen, aber es gibt ein zu
Spät. Nichts zeigt uns das deutlicher als das zu Ende gehende Kir-
chenjahr. Zwischen dem sogenannten Volkstrauertag und dem
Ewigkeitssonntag, in der Volksfrömmigkeit auch Totensonntag ge-
heißen, der Buß-und Bettag. Abgeschaffter gesetzlicher Feiertag,
zum Innehalten freizuhalten auch ohne staatliche Protegierung.
Zum Gottesdienst gehen, um in sich zu gehen, dazu ist es nie zu
spät. Denn da sind die Fragen auf Leben und Tod, auf Verlorenheit
und Rettung. Einmal aufgetaucht, gehen sie nie mehr unter und
kommen nie mehr zur Ruhe, wenn sie keine Antwort und Hoffnung finden. Geht unser Leben auf den Tod zu, gibt es dann für
uns Rettung? Wer wird selig werden und was ist mit den anderen?
Die Bibel stellt diese Fragen, schonungslos manchmal und kaum
auszuhalten. Bisweilen bleiben manche Fragen dabei offen, werden
der Güte Gottes angetragen, und es sind die ewigen Bilder, in
denen Jesus uns die Antwort Gottes vor Augen führt, wenn er sich
und das Himmelreich in irdische Vergleiche einbettet.

Das Himmelreich – immer wieder das Himmelreich, nahege-
bracht in Gleichnissen und Bildern. Wie eine Verheißung den Suchenden, die sich über lange Wege mühten. Heilvolle Wendung in
unheilvoller Zeit, Rettung für die verloren Geglaubten. „Das Himmelreich ist inwendig in dir", wird Jesus den Fragenden sagen (Lk
17,21b). Nicht mitten unter euch, auch nicht im Einflussbereich
von euch. Jahrhunderte später wird es der Dichter Angelus Silesius
in die Worte fassen:

Halt an, wo läufst du hin, der Himmel ist in dir:
Suchst du Gott anderswo, du fehlst ihn für und für.

Erstaunt wird so mancher aufmerken, erschrocken bisweilen die Worte vernehmen, auch ungläubig.

So wandern wir mit Jesus von Ort zu Ort, hoffnungsvolle Sucher allemal, eingeladen zur Mahlgemeinschaft und zum Hören seiner Worte. Jede gegangene Wegstrecke lehrt uns. Der Weg sei das Ziel, sagt man heute gerne. Aber wird dadurch der Weg ziellos? Aus jedem Lebensabschnitt können wir unsere Lehren ziehen und entdecken, dass mit jedem Lebensabschnitt, den wir bewältigt haben, ein Stück unseres Lebens abgeschnitten wird. So halten wir Ausschau nach dem Ziel: Jerusalem. Zu seiner Richtstätte geht Jesus. Voller Ahnung von den Dingen, die da kommen, die Gott ihm bereitet. Wissend auch und doch voller Vertrauen. Gerichtetes Leben, ausgerichtet auf diesen einen Punkt, von dem es keine Rückkehr gibt, kein Entfliehen, kein Entkommen, höchstens ein Durchschreiten. Es ist so, als würde mit jedem weiteren Schritt Jesu Spielraum enger, der Weg immer schmaler, der Durchlass kaum noch wahrnehmbar. Je näher du dem Ziel kommst, desto größer wird der Kampf, den du ausfechten musst – in dir, mit dir und mit anderen. Und plötzlich sind da wieder die Fragen.

Wenn der Himmel alles in allem ist, wenn er alles durchdringt, wenn die Rettung aller so nahe liegt: „Herr, sind es nur wenige, die gerettet werden?" Unausgesprochen klingen da noch andere Fragen mit, besetzt voller Ängste, dass sie kaum offen benannt werden: Was wird aus mir? Werde ich gerettet werden? Werde ich den Kampf bestehen auf dem immer enger werdenden Lebensraum, wenn es mit mir auf den einen Punkt zugeht, vor dem es kein Ausweichen, ja nicht einmal ein Verweilen gibt? Wer sind die Wenigen, die gerettet werden und was wird dann aus den anderen? Da hilft auch kein noch so schön klingendes Wort, das beschwichtigen soll. Es ist ja immer noch gut gegangen. Also mache dir keine Sorgen. Es wird alles werden. Der liebe Gott wird schon alle retten. Das ist ja das Schöne an unserer Religion, dass der liebe Gott alles verzeiht. Automatisch praktisch. Gut? Aber wenn das so einfach wäre, warum gibt dann Jesus diese Antwort nicht? Etwa so: Mache dir keine Sorgen, mein Freund. Es wird ja alles wieder gut. Alle werden sowieso gerettet werden. Also genieße das Leben. Gott wird es schon richten.

Aber aus seinem Munde kommt ein anderes Wort: Kämpft.
Leben heißt kämpfen. Immer wieder. Das ganze Leben lang. Schon
deine Geburt ist ein einziger Kampf. Lebensbedrohlich. Aber um
zu leben, musst du dich buchstäblich durchkämpfen. Dein Leben
ist ein einziger Kampf mit Pausen der Erholung. Oft genug wirst
du mit dir selbst kämpfen, oft genug wirst du mit Gott kämpfen.
Wie der Erzvater Jakob, der am Fluss Jabbok eine ganze Nacht
lang mit Gott gerungen hat und dann humpelnd durch sein Leben
zog, ein von Gott Geschlagener, Gezeichneter (1 Mose 32,32). Leben
heißt kämpfen. Selbst das Bild eines Boxers war dem Apostel Paulus (1 Kor 9,24–27) gerade gut genug, um es auf unser Leben anzu-
wenden. Schlage dich durch dein Leben, meinte er wohl damit,
aber schlage keine Luftlöcher. Wenn du kämpfst, dann achte darauf, wofür du kämpfst, wozu und wogegen und was dein Ziel ist,
und bereite dich gründlich vor. Eng wird es bei deinem Lebens-
kampf zugehen. Die Luft wird dünn und knapp, immer schneller
geht dein Atem, die Kräfte schwinden, der Mut wird dich oft
genug verlassen. Bitte nicht aufgeben. Das führt uns Jesus vor
Augen. Er wird es am eigenen Leib erfahren, wenn er im Garten
Gethsemane mit Gott um sein Leben ringt. Und ein Engel wird
ihn stärken (Lk 22,43). Leben heißt kämpfen. Eng wird es bei
diesem Kampf. Eng ist die Tür und viele schaffen es nicht.

Was Jesus uns mit diesem Bild vor Augen führt, ist nicht das
große Gedränge an den Toren der Konsumtempel bei Sonderange-
boten, wenn jeder der erste sein will. Sein Bild ist nicht zu ver-
wechseln mit dem Gedränge an den Stadiontoren, wenn beim
Match des Jahres alle Plätze besetzt sind und dennoch mancher
hinein will, wenn es im Gedränge eines Massenevents zur Panik
kommt und hinterher für die Toten keiner verantwortlich ist. Der
Kampf an dem engen Tor ist nicht ein Kampf gegen andere, um
vor ihnen oder gar anstelle von ihnen hinein zu kommen. Es geht
nicht darum, dass ich gerettet werde und dafür ein anderer verloren geht. Es ist mein Weg, es ist meine enge Pforte, und es wird
dein Weg sein und deine enge Pforte. Wir gehen den gleichen Weg
und es ist doch nicht derselbe. Wir stehen vor der selben Tür, und
die ist eng, macht Angst. Warum werden dann viele diesen engen
angstbesetzten Weg nicht schaffen? Täglich gibt uns das Leben
eine Antwort. Es gibt ein Scheitern. Es gibt ein zu Spät. Wir gehen
Irrwege und Holzwege. Oft genug führt unser Leben in Sackgassen,
und oft genug endet Leben genau dort. Wir erleben oft genug, wo

wir scheitern. Wir sehen andere scheitern., und ist Jesus nicht selbst gescheitert? Wenn das schon so im Leben ist, wird das ewige Scheitern niemals aufhören und in der Ewigkeit bei Gott seine Fortsetzung haben? Und dann – ist dann alles aus? Gibt es gar keine Rettung? Trügt selbst das Versprechen auf Rendite in der Ewigkeit?

Die Unerträglichkeit wird von Jesus noch gesteigert. Letzten Endes, so lehrt es uns sein Gleichnis, liegt unser Unvermögen, die enge Pforte zu durchschreiten, allein darin, dass Gott es ist, der die Tür verschließt. Plötzlich ist unserem Drängen buchstäblich ein Riegel vorgeschoben. Wir können aus eigener Kraft nicht mehr weiter, stehen im wahrsten Sinne des Wortes „draußen vor der Tür" (W. Borchert), wieder einmal, wie schon so oft. Unerträglich ist diese Vorstellung, weil sie mich mit einschließt und mir das Bild einer geschlossenen Gesellschaft vor Augen führt, zu der ich nicht gehöre. Ist die Nähe zu Gott privilegierte Partnerschaft? Unerträglich ist, auf welche Weise Jesus von Gott spricht. Gott schließt den Himmel zu, das vermeiden wir oft genug in christlicher Predigt und religiöser Rede. Lieber singen wir: Heut schleußt er wieder auf die Tür zum schönen Paradeis (M. Luther, EG 27,6). Wenn Gott aber den Himmel wieder geöffnet hat, muss er dann nicht zu jeder Zeit und immer zugänglich sein?

Es ist auffällig, dass es in der Bibel einen breiten Strom von Zeugnissen gibt, die von der Unzugänglichkeit Gottes reden und davon, dass Gott es ist, der uns Menschen verstockt, uns Ohren und Augen verklebt und unser Herz verfettet. Nicht umsonst sind es diese Worte des Propheten Jesaja (Jes 6), die im Neuen Testament wiederholt und variiert werden. Aber geradezu ängstlich gemieden werden diese Gottesvorstellungen. Sie passen wohl nicht in die religiöse Landschaft unserer Tage, liegen aber dennoch wie sperrige Klötze auf unserem Weg, damit wir uns an ihnen stoßen. Es hilft uns weiter, wenn wir mit diesem sperrigen Gedankengut umgehen lernen, anstatt es zu umgehen. Gott ist Richter. Auf ihn sind wir ausgerichtet. Von ihm werden wir gerichtet, aber er schaut mit den Augen Jesu auf uns. Er schließt den Himmel auf und verriegelt ihn. Daran haben wir zu knabbern und zu schlucken. Unser Pochen darauf, wir seien doch getauft, wird uns nichts nützen. Unser Beharren darauf, wir hätten doch Abraham zu unserem Vater und Jesus zu unserem Bruder, wird uns nichts nützen. Unser Insistieren darauf, wir hätten doch Gott Vater genannt, wird uns nichts nützen. Wir können noch so heftig und laut an die Himmelstür pochen. Erschreckend hallt uns Pochenden die Antwort in den Ohren: „Ich kenne euch nicht!" Was macht uns Gott so unkenntlich?

Der Evangelist Lukas benennt es und nimmt dazu einen Vers aus dem Psalm 6. Es ist unsere Ungerechtigkeit, die uns Gott fremd werden lässt. Auf einmal offenbaren die Worte, die wir manchmal in Zeiten des Streites zueinander sagen, ihren tiefen Sinn: „Ich kenne dich nicht wieder!" Bisweilen ringen wir uns zu der Einsicht durch, dass wir uns in mancher Lebenssituation selbst nicht wieder erkennen. Dann ist das Erschrecken beispiellos. Stehen wir uns doch selbst im Wege, entstellt sich doch unser wahres, von Gott gegebenes Wesen, verzerrt sich doch unser Dasein vor Gott zur Fratze. „Denn unsere große Schuld sind nicht unsere Sünden, die wir begehen, ist doch die Versuchung mächtig und unsere Kraft gering. Unsere große Schuld ist, dass wir jeden Augenblick die Umkehr tun könnten und doch nicht tun" (M. Buber). Es hilft eben nicht, vor Gott zu leben, zu essen und zu trinken. Es hilft eben nicht zu wissen, dass es Gottes Wort in der Welt gibt. Wir haben zwar seine Lehre gehört. Das aber heißt noch lange nicht, dass wir auf sie gehört hätten. Wir nahmen sie wahr, aber nicht auf. Ihr, die ihr auf alles mögliche pocht, euch kenne ich nicht, sagt die Stimme Gottes. Euer entstelltes Wesen verstellt euch den Weg. Ihr wirkt Ungerechtigkeit. Wer vermag sich auszunehmen?

Aber wie schwer sind für mich, Gott, deine Gedanken, in die Jesus mich mit seinem Gleichnis hinein nimmt. Erst führt er mich bis vor den Himmel, dann stehe ich vor der verschlossenen Himmelstür und soll verstehen, warum Gott den Himmel öffnet und verschließt. Wie eine schwere Last ist der Gedanke, dass Menschen draußen vor der Tür stehen, gar draußen bleiben sollen. Alles in mit sträubt sich gegen diese schweren Gedanken. Sie wühlen mich auf.

Alle Menschen sind klug, sagt ein Sprichwort. Die einen vorher, die anderen nachher. Wieder ist da das Wort, das so endgültig und nachhaltig klingt. Nachher. Was wird nachher sein? Werden wir uns wiederfinden vor der Tür? Und was dann? Es gibt letzte Dinge, die wir nicht zu lösen vermögen, es auch nicht brauchen. Es gibt letzte Fragen, auf die wir keine Antwort haben. So leben wir in der Spannung, dass Gott die Himmelstür verschließt und auch öffnet. Darum aber werden wir mit Gott ringen, dass er die Himmelstür öffnet. Ich schaue auf Jesus, der auch in seiner Todesangst auf Gott schaute und hoffe, dass Gott mich vor der Tür mit den Augen Jesu anschaut. Alle Schwere will ich in seine Hand legen, meinem aufgeschreckten Herzen in seiner Nähe Ruhe schenken und auf ihn vertrauen. Die Stille soll unser Gebet sein, mit dem wir uns vor der engen Tür wartend und hoffend einfinden. Und dann, dann werden wir tatsächlich klug sein. Nachher.

Lk 13,22–27 – Gottesdienst
Buß- und Bettag V

PSALM 130

BITTRUF

Da wird Heulen und Zähneklappern sein, wenn ihr sehen werdet Abraham, Isaak und Jakob und alle Propheten im Reich Gottes, euch aber hinausgestoßen. Und es werden kommen von Osten und Westen, von Norden und Süden, die zu Tische sitzen werden im Reich Gottes. Und siehe, es sind Letzte, die werden die Ersten sein, und sind Erste, die werden die Letzten sein (Lk 13,28–30). Du aber, o Herr, erbarme dich unser.

KOLLEKTENGEBET

Zur Umkehr rufst du uns, o Gott. Lass uns inne halten, damit wir uns wieder finden auf den Wegen, die in Schuld endeten, vor deiner Lebenstür, die uns Jesus Christus geöffnet hat. Und wenn deine Tür verschlossen ist, dann lass unsere Gebete in Jesu Namen zum Schlüssel werden und unsere Herzenstüren aufgehen für deine Gedanken und deine Wege. Amen

LESUNGEN

Jesaja 1,1–10
Röm 2,1–11
Lk 13,6–9

GEBET

Aber wie schwer sind für mich, Gott, deine Gedanken.
Da stehe ich nun vor dem verschlossenen Himmel, o Gott.
Ich soll verstehen, warum du den Himmel öffnest und verschließt. Wie eine schwere Last liegt auf mir, dass Menschen
draußen vor der Tür stehen, gar draußen bleiben sollen, und
ich unter ihnen. Alles in mir sträubt sich gegen diese schweren Gedanken. Sie wühlen mich auf. Da will ich all die
Schwere in deine Hand legen, meinem aufgeschreckten Herzen in deiner Nähe Ruhe schenken und auf dich vertrauen.

Wie ist ihre Summe so groß.
Meine Gedanken sind nicht eure Gedanken, hast du, o Gott,
uns einmal wissen lassen. Vielleicht hilft es mir, mich davon
tragen zu lassen. Ich wüsste gerne deine Wege und Ziele,
hätte gerne Sicherheit schon jetzt im Leben, möchte nicht
immer um alles und jedes ringen. Nun will ich mich deiner
Größe und Güte anvertrauen und mich führen lassen.

Am Ende bin ich noch immer bei dir.
Das ist mein einziger Trost, o Gott. Am Ende ich bei dir und
du bei mir. Ich habe nichts zu bringen, brauche es wohl auch
nicht, weil du uns alles in die Hände legen wirst. So will ich
meine Hände falten und mit dir ringen, damit die Tür sich
öffne und der Glanz deiner Zärtlichkeit uns umgebe.

LIEDER

Es wolle Gott uns gnädig sein (EG 280)
Aus tiefer Not lass uns zu Gott (EG 155)
Nimm von uns, Herr, du treuer Gott (EG 146)
Komm in unsere stolze Welt (EG 428)
Auf meinen lieben Gott (EG 345)

„Siehe, das ist Gottes Lamm …"

Hans-Helmar Auel

Ein beeindruckender Schlussstein in der Bonifatius-Kirche Harle gibt einem der drei gotischen Gewölbe Halt und Festigkeit, unentbehrlich für alle Druck – und Lastverhältnisse. Er wurde nach den Originalfarben aus dem Jahre 1492 restauriert. Auf ihm ist ein Lamm zu sehen mit einer Strahlenkrone. Aus seinem Hals fließt Blut in einen Kelch, und über allem weht die Siegesfahne.

In diesem Schlussstein lasen damals die Menschen, die des Schreibens und Lesens noch nicht kundig waren, wie in einem Lesebuch, stellt er doch unser christliches Bekenntnis mit religiösen und symbolischen Vorstellungen anschaulich dar: Das Leiden und den Tod Jesu Christi, des Gotteslammes, seinen Sieg über den Tod, seine Erhöhung und das Ziel des Geschehens. Es geschah für uns. „Wird der zur Rechten Gottes erhöhte Jesus Christus unter dem Bild des endzeitlichen Passalammes dargestellt, dann hat er durch seinen Tod die Reinigung, Heiligung und Weihe der Gemeinde an Gott bewirkt. Von einem Menschenopfer ist … hier keine Rede!"[1]

Es war Johannes der Täufer, der auf Jesus zeigt, als der zu ihm an den Jordan kommt, und spricht: „Siehe, das ist Gottes Lamm, das der Welt Sünde trägt" (Joh 1,29). Wie kommt der Evangelist Johannes dazu, Jesus als „Gottes Lamm" zu bezeichnen? Vielleicht fließen in die Aussage des Täufers mehrere Vorstellungen des Alten Testaments ein: das Passalamm (2Mose 12), das Tamid-Opfer (2Mose 29,38ff) oder auch der Sündenbock (3Mose 16).[2]

Der Seher Johannes, der auf der Insel Patmos um das Jahr 95 n.Chr. die Offenbarung („Apokalypse") schrieb, das letzte Buch der Bibel, geht noch einen Schritt weiter: „Ich sah ein Lamm stehen,

1 Th. Knöppler, War Jesu Tod ein Menschenopfer? n: V. Hampel/R. Weth (H): Für uns gestorben. Sühne – Opfer – Stellvertretung, Neukirchen 2010, 151.
2 J-W. Taeger, Art. Lamm Gottes, RGG Bd. 5, 4.A Tübingen 2002.

das war geschlachtet" (Offb 5,6.8.12; 6,1; 7,9; 8,1).[3] Das erscheint
im Schlussstein wieder: aus dem Hals des Lammes fließt Blut – in
einen Kelch.

Hier ist das Blutvergießen verbunden mit dem Abendmahl.
Wir haben im Abendmahl Anteil am Leiden, Sterben und der Erhöhung des Gottessohnes. Der Evangelist Markus (14,12) beginnt
seinen Bericht über das Abendmahl mit den Worten: „Und am
ersten Tag der ungesäuerten Brote, als man das Passalamm opfer-
te!" Diese Worte erinnern an das jüdische Fest der „Ungesäuerten
Brote" (Mazzot), an das Passafest und daran, dass Jesu Kreuzigung
zum Passafest stattfand. Das Passafest wiederum hält die Erinnerung
wach an die zehnte Plage (2Mose 12,1–13,16), die Israel den Aus-
zug aus Ägypten ermöglichte. Es wird am Abend des 14. Tages des
ersten Monats gefeiert. In dieser Nacht ist der „Verderber" durch
die Lager der Israeliten und Ägypter gegangen, um jegliche Erstge-
burt zu töten. Nur Häuser, deren Türpfosten mit dem Blut eines
geschlachteten Lammes bestrichen waren, blieben verschont. Deshalb schrieb der Apostel Paulus: „Denn auch wir haben ein Passalamm, das ist Christus, der geopfert ist" (1Kor 5,12). „Nicht der
Mensch bringt Gott ein Opfer dar, sondern Gott opfert sich für
den Menschen, nicht Gott muss gnädig gestimmt werden durch
Opfer, nicht er bedarf der Versöhnung, sondern der Mensch muss
mit Gott versöhnt werden (2Kor 5,19)!"[4]

Christus hat sein Blut vergossen „für viele zur Vergebung der
Sünden", sagt Matthäus (Mt 26,28). „Hingabe des *eigenen Lebens*
als Schuldtilgung ist deshalb identisch mit der Übernahme der
Folgen eines *fremden Tuns!*[5] Im 1. Petrusbrief (1,18.19) steht. „Ihr
wisst, dass ihr nicht mit vergänglichem Silber oder Gold erlöst
seid, sondern mit dem teuren Blut Christi als eines unschuldigen

---

3 Siehe dazu Th. Knöppler, Das Blut des Lammes. Zur soteriologischen Re-
   levanz des Todes Jesu nach der Johannesapokalypse, in: J. Frey und J. Schröter
   (H): Deutungen des Todes Jesu im Neuen Testament, WUNT 181 Tübingen 2005, 455ff.

4 U. Eibach, „Gestorben für unsere Sünden nach der Schrift", in: V. Hampel/
   R. Weth (H): Für uns gestorben. Sühne – Opfer – Stellvertretung, Neukirchen 2010, 160.

5 B. Janowski, Er trug unsere Sünden. Jes 53 und die Dramatik der Stellvertretung, in B. Janowski/P Stuhlmacher, Der leidende Gottesknecht, FAT
   14 Tübingen 1996 43.

Agnus Dei, Ev. Bonifatiuskirche Harle 1492   Foto: Brigitte Fritz

und unbefleckten Lammes!" Nach alttestamentlicher Vorstellung ist das Blut der Sitz des Lebens und wird mit der Lebenskraft identifiziert.[6] Was nicht bis ins Blut geht, erreicht uns nicht wirklich.

In diesem Schlussstein wird sichtbar, wer die Kirche trägt und wer ihr Halt gibt. Es ist Christus das Gotteslamm, das sein Blut für uns vergossen hat, von Gott aber zum Herrn erhoben worden ist. Er hat den Sieg über den Tod errungen. Die Siegesfahne am Hirtenstab zeigt es an. Das „geschlachtete Lamm" ist Sinnbild für den „Sieger". Deshalb schreibt der Apostel Paulus: „Tod, wo ist dein Sieg? Tod, wo ist dein Stachel? Gott aber sei Dank, der uns den Sieg gibt durch unseren Herrn Jesus Christus" (1Kor 15,55.57).

6 Siehe dazu F. Hartenstein, Zur symbolischen Bedeutung des Blutes im Alten Testament, in: J. Frey/J. Schröter (Hg.), Deutungen des Todes Jesu im Neuen Testament, WUNT 181 Tübingen 2005, 119ff.

In diesem Schlussstein wird uns vor Augen geführt, dass Gott nicht vor dem Tod errettet. Er errettet aber aus dem Tod: „Christus *musste* ….leiden, sterben und auferweckt werden, um die Trennung des Menschen von Gott aufzuheben, … um aus dem Leben *zum* Tode ein Leben *aus* dem Tode zum ewigen Leben werden zu lassen!"[7]

Der große protestantische Liederdichter Paul Gerhardt hat das Geschehen im Lied „Ein Lämmlein geht und trägt die Schuld" (EG 83) zusammengefasst. Wenn wir in der Passionszeit und am Karfreitag dieses Lied singen, dann beginnt dieser Schlussstein zu sprechen, und er hält sichtbar, was er verspricht: Christus ist das Opferlamm, das für uns in den Tod ging, damit wir leben können. Der liturgische Gebetsruf (EG 190,2) drückt es anbetend aus: „Christe, du Lamm Gottes, der du trägst die Sünd der Welt, erbarm dich unser" (M. Luther).[8] Wir haben Anteil an seinem Leiden und Sterben und seiner Erhöhung in der Feier des heiligen Abendmahles und in der Taufe. Das ist das große Geheimnis Gottes, der aus dem Himmel in die Welt kam und seine unbedingte Liebe der Sünde von uns Menschen aussetzte, um uns zu retten und selig zu machen.

---

7   U. Eibach, ebd., 163.

8   Zu der Tendenz, das „Agnus Dei" aus der Abendmahlsliturgie zu streichen mit der Begründung, es bereite vielen Gottesdienstbesuchern Schwierigkeiten, siehe Ulrich H.J. Körtner, Für uns gestorben?, in: Gottes Wort in Person. Rezeptionsästhetische und metapherntheoretische Zugänge zur Christologie, Neukirchen 2011, 130.

Mitarbeiter

Prof. Dr. Stefan Alkier, Frankfurt am Main
Prof. Dr. Martina Böhm, Hamburg
Prof. Dr. Lukas Bormann, Erlangen
Prof. Dr. Ursula Ulrike Kaiser, Hamburg
Prof. Dr. Dietrich-Alex Koch, Münster
Prof. Dr. Andreas Lindemann, Bethel
Landesbischof i. R. Prof. Dr. Eduard Lohse, Göttingen
Prof. Dr. Anna Maria Schwemer, Tübingen
Prof. Dr. Werner H. Schmidt, Meckenheim

Dienst am Wort

V&R

Band 142: Max Koranyi
Fastenandachten
2012. 124 Seiten, kartoniert
ISBN 978-3-525-63036-5

In 55 Fastenandachten
für Körper, Geist und Seele illustriert Max Koranyi
zeitgemäß die Passionszeit
mit biblischen Texten, theologischen Überlegungen und
seelsorgerlichen Anregungen.

Band 141: Stephan Goldschmidt
**Meditative Abend-
gottesdienste II**
2011. 191 Seiten, kartoniert
ISBN 978-3-525-59498-8

Von der Adventszeit über Ostern und Trinitatis bis Ernte-
dank finden sich hier erprobte
Entwürfe für Abendgottes-
dienste. Sie liefern Ideen, um
in der Gemeinde einen medi-
tativen Impuls während des
Jahres zu setzen.

Band 140: Hans Freudenberg
Christnacht feiern
15 (be)sinnliche Gottesdienste
2011. 126 Seiten mit 25 Abb. und
digitalem Zusatzmaterial, kartoniert
ISBN 978-3-525-59544-2

15 komplette Gottesdienste mit
Symbolen, bestens geeignet um
die Christnacht zu begehen.

Band 139: Dirk Schliephake (Hg.)
**12 kreative Gottesdienste
mit Mädchen und Jungen**
Zum EKD-Plan für den
Kindergottesdienst 2012
2011. 143 Seiten mit 16 Abb., kart.
ISBN 978-3-525-63031-0

12 komplette Kindergottes-
dienste für das monatliche
Feiern mit altersgemischten
Gruppen. Die thematischen
Setzungen verstehen sich als
Alternativen zu den Vorschlä-
gen der EKD-Textreihe, denen
sie nahe verwandt sind.

Vandenhoeck & Ruprecht

Von der Exegese zur Predigt und zum Gottesdienst

V&R

Hans-Helmar Auel (Hg.)
Der rätselhafte Gott
Gottesdienste zu
unbequemen Bibeltexten

Dienst am Wort, Band 126.
2010. 176 Seiten, kartoniert
ISBN 978-3-525-59537-4

Allzu oft sehen wir nur den liebevollen, allseits gerechten Gott, der in unser Schema passt. Unliebsame oder rätselhafte Züge blenden wir gerne aus. Diese Gottesdienste öffnen Zugänge gerade zu den unbequemen Seiten Gottes.

Hans-Helmar Auel (Hg.)
Jesus der Messias
Gottesdienste zur Messiasfrage

Dienst am Wort, Band 134.
2011. 173 Seiten, kartoniert
ISBN 978-3-525-59528-2

Die Autoren zeigen, wie Bibelstellen, die man gerne umgeht, für den Gottesdienst fruchtbar gemacht werden können. Auf die Exegese von namhaften Theologen folgt jeweils ein Gottesdienstentwurf.

Vandenhoeck & Ruprecht